回復のメタメソッド

アダルトチルドレンの教科書

横道 誠

晶文社

装画　杉山真依子
装丁　アルビレオ

はじめに

本書はアダルトチルドレン（機能不全の家庭で育った人）のために書かれています。アダルトチルドレンの困り事は多様ですから、本書では処方箋を並べていくことに合わせて、そのような処方箋を当事者の側から新たに発見する場として「対話型自助グループ」を推奨しています。その意味で本書は「メソッド」の本であると同時に、メソッドを開発するための「メタメソッド」の本でもあります。

筆者は当事者としてはアダルトチャイルド（アダルトチルドレンの単数形）ですが、専門家としては文学研究者です。言語や文学の機能について考察する仕事をしています。その私が「対話型自助グループ」の考え方に惹かれ、それを普及させる活動にのめりこんでいるのは——筆者はアダルトチルドレンのための対話的自助グループを含めて、一〇種類の自助グループを主宰しています——、対話型自助グループからあふれでる言葉の豊かさ、文学的な魅力に心を撃ちぬかれたからです。

筆者は、人間社会に備わった多くのものが、対話を通じて頭のなかに構築されたものだと考える社会構成主義の発想法を重んじています。私たちの体験世界はそのような枠組みに収まっているからこそ、対話をつうじて新しい地平に向かって更新される可能性がありその新しい地平のせりあがりこそ、まことの文学的体験と呼ぶべきものだと思うのです。

筆者は本書を物語形式で構成しました。楽しみながら読んでいただけると幸いです。

アダルトチルドレンの教科書

目次

3 当事者研究とオープンダイアローグの実践

3-1 前もって理解しておくこと

1

アダルト
チルドレンに
関する基本事項

入口として　ダイキの物語

　ぼくの名前はダイキ。二八歳の社会人。システムエンジニアとして働いていて、上司からは信頼されているし、同輩、先輩、後輩との関係もそつなくこなしているつもりだった。でもじつはぼくにはとても困っていることがあるんだ。

　それは夜になると、しきりに涙が出てくるということ。少しでもマシになるかと思って酒を飲む日も多い。そうなると、例外なく深酒になる。そしたら翌日は二日酔いだから、これまでのところは一応仕事に支障を来たすほどじゃないんだけど、いつかたいへんな失敗をやらかすんじゃないかとヒヤヒヤしている。

　恥ずかしいことだけど、恋人のアヤカと一緒にいるときも泣いてしまうんだ。いや、ひとりでいるときよりもっとひどいぐらいだ。アヤカと交際するようになって、半年ほどが経つ。大学を卒業して、ひとり暮らしを始めて、ぼくは夜にしきりと泣くようになった。それから三人の女性と交際したけれど、アヤカよりも前のふたりの前では泣かなかった。

それはじぶんがそれほど理解されていないという感じがあったからだ。ぼくは彼女たちと会っていない夜に泣いていた。夜をともに過ごしたときは、彼女たちが眠ったあとで泣いた。それに対して、アヤカとは出会ってから、意気投合の度合いが大きかっただけに、ぼくはこの「夜泣き」をアヤカの前でも曝すようになり、頻度も一挙にひどいものになったんだ。

どうしてそんなに泣くのかって？　もちろん理由はわかっている。それはぼくが子どもの頃、うちがメチャクチャな状態だったことに原因がある。ぼくの父さんは酒飲みで、毎日自営の仕事もほどほどに切りあげて、夕方になる前から家で酒を飲んでいた。母は人付きあいがヘタで、うまく働くことができず、主婦として生きていたから、父に文句を言いながらも離婚するそぶりはなかった。ぼくはときどき父から暴力を振るわれて、顔や腹を殴られた。腕や脚を蹴られたこともある。小学生の頃から中学生の頃まで、そんな感じでダラダラと地獄の毎日が過ぎていった。

高校生になると、ぼくの体は父より大きくなって、さすがにそんな暴力は振るわれなくなったけど、代わりにネチネチと嫌味を言われるようになった。ぼくが興味を持っていること、趣味として楽しんでいること、一緒にいて楽しいと感じている友だちなどが、しきりに父の悪口の対象になった。それはほんとうにつらい毎日だった。

大学に受かったあとは、家が貧乏だったけれど、アルバイトをして学業を疎かにするのを避けたかったぼくは、憧れていた自活の生活を我慢しながら先延ばしした。生活費を浮かせて、貯金しながら将来に備え、社会人になったら独り立ちしてバリバリ働こうと計画したんだ。大学時代は、自宅にいる時間は寝るときくらいになったから、親との関係もそんなにつらいわけじゃなかった。

予定どおりに、ことは進んだ。社会人になったぼくは、親元を離れて、地元から遠い別の街で暮らすようになり、待ち焦がれたひとり暮らしを始めた。そして、毎晩ぼくの両眼から涙があふれるようになったというわけだ。

アヤカは障害のある人のための介護の仕事をしていて、ぼくは彼女と合コンで知りあった。彼女はぼくのふだんの朗らかな様子と、夜遅くになって泣きじゃくる姿のギャップにびっくりして、ぼくの過去の話について耳を傾けてくれた。そして「アダルトチルドレン」について一緒に勉強しようと誘ってくれた。ちょうどこの問題についての連続講習会のようなものが近くの公民館で開かれるらしい。ぼくは「アダルトチルドレン」について、なんの知識もないまま、この問題について学ぶことになった。

1-1 心理学的観点から

アルコール依存と機能不全家族

【講義】

マリコ　こんにちは。みなさんにお会いできたことを喜んでいます。私たちはこの公民館でアダルトチルドレンのための自助グループをやっています。そのメンバーの数人が同じ公民館で講師となってアダルトチルドレンについて学ぶための連続講習会を開いています。今期は私マリコが、来期はべつの仲間が講師を務めることになります。良かったら今期だけではなく、来期も受講してくださると、アダルトチルドレンの問題について、より深く学ぶことができると思います。

それでは基本的なことから説明していきましょう。

アダルトチルドレンの問題を最初に扱った本は、心理学者のマーガレット・コークが一九六九年に出版した『忘れられた子どもたち――アルコール依存症の親を持つ子どもたちの研究』（邦訳なし）ということになるようです。この本では、アダルトチルドレンという言葉は使われていないのですが、アルコール依存症の親を持つ子どもたちのことが、すでにテーマになっていました。それから一〇年以上時間が経って、社会心理学者のクラウディア・ブラックが一九八一年に出版した『そんなこと私には絶対に起こらない！』がベストセラーになって、アダルトチルドレンの問題が一躍脚光を浴びるようになったとのことです。こちらの本は、『私は親のようにならない――アルコホリックの子供たち』（斎藤学監訳、誠信書房、一九八九年）として、日本でも翻訳が刊行されています。

さらに歴史的な話を続けます。一九八三年、心理学者のジャネット・G・ウォイティッツが刊行した『アルコール依存症のアダルトチルドレン』が、「アダルトチルドレン・オブ・アルコホーリクス」という表現を広めることに貢献しました。「アルコール依存症者の親のもとで子ども時代を過ごし、成長した人々」ということですね。英語での略称は「ACOA」です。邦訳が『アダルト・チルドレン――アルコール問題家族で育った子供たち』（斎藤学監訳、白根伊登恵訳、金剛出版、一九九七年）として刊行されています。以上のように、アダルトチルドレンは、まずアルコール依存症の親のもとで育った子どもたちとして理解されていました。しかしその後、両親がアルコール依存症者ではなくとも、似たような仕方で家庭が壊れている場合が多くあることが注目を集めていきます。ジョン・C・フリエルとリンダ・D・フリエルが一九八八年に刊行した『アダルトチルドレン――機能不全家族の秘密』では、それを表現するために「機能不全家族」という表現が使われました。邦訳は『アダルトチルドレンの心理――うまくいかない家庭の秘密』(杉村省吾/杉村栄子訳、ミネルヴァ書房、一九九九年)です。こうして新しい概念として、「アダルトチルドレン・オブ・ディスファンクショナル・ファミリーズ」が導入されました。「機能不全家族で子ども時代を過ごし、成長した人々」という意味です。英語での略称は「ACOD」となります。

要約すると、アダルトチルドレンとは、第一義的にはアルコール依存症の親のもとに成長して、心の問題を抱えるようになった人たちのことを指し、第二義的にはアルコール依存症が介在しない機能不全家族で成長して、心の問題を抱えるようになった人たちを指しています。一九九五年、ビル・クリントンはアメリカ大統領として二期目を勝ちとるための選挙活動を展開していましたが、その際じぶんが「アダルトチャイルド」だとカミングアウトしました。それで日本でもにわかにアダルトチルドレンが話題になりはじめたのです。

【質疑応答】

アヤカ　現在ではアダルトチルドレンという語は、どちらの意味で使われているのでしょうか。

マリコ　どちらの意味でも使われています。ただし当事者の数で言えば、「アダルトチルドレン・オブ・ディスファンクショナル・ファミリーズ」のほうが圧倒的に多いでしょうね。アルコール依存症以外のすべての問題を含むわけですから。

アヤカ　第二義的だった意味のほうが主流になったんですね。

マリコ　ですから、アルコール依存症の親のもとで育ったアダルトチルドレンは、しばしばそのことに不満や違和感を抱くようです。本来的にはもっと限定された意味あいだったのに、と。

ダイキ　アダルトチルドレンという語感は、なんだか「幼稚なおとな」という印象の言葉です。

マリコ　そうですね。本来は「アダルトチルドレン・オブ・アルコホーリクス」と「アダルトチルドレン・オブ・ディスファンクショナル・ファミリーズ」ですが、「アダルトチルドレン」と略すことで、どうしてもそういう誤解が生まれがちですね。

日本では話題になりはじめた一九九〇年代にも、さまざまな人がアダルトチルドレンを「おとなになりきれない幼稚で未熟な人」のことだと誤解していました。当時やはりよく使われていた「モラトリアム人間」の同義語や新しい表現だと錯覚されたのです(安藤 2003: 195)。私自身も、初めてこの言葉を知ったとき、いわゆる「ピーターパン症候群」(おとなになりたくないという心理)のべつの表現なんだろうと考えてしまいました。それで、あまり関わりたくない概念だなと思ったことを覚えています。じぶん自身に実際、「ピーターパン症候群」の傾向があるとも思っていたから、同類嫌悪的な感覚があったんですね。

アダルトチルドレンの類型

【講義】

マリコ　一連の講義では、アルコール依存症の親のもとで育ったアダルトチルドレンも含めて、広義の「機能不全家族で育った」アダルトチルドレンを問題にしていきます。家族がどのような仕方で機能不全家族に陥っていたかについては、さまざまなパターンがあります。子どもが受けた被害については、肉体的暴力、モラルハラスメント（暴言）、性的虐待などを挙げることができるでしょう。

近年よく話題になるようになったカテゴリーで言えば、「ヤングケアラー」型や「宗教2世」「カルト2世」型も存在していると言えます。ヤングケアラーとは、一八歳未満であるにもかかわらず、おとなが担うようなケア責任を引きうけざるをえない状況で、家族のケアをしていた子どもたちのことです。宗教2世とは、親の信仰を強制されることで、「宗教被害」を受けたと自認する人のことを指しています。カルト2世のほうは、部分的に宗教2世と重なる概念で、カルト宗教を含めて、スピリチュアル商法、マルチ商法、陰謀論などにハマった親のもとで生きづらさを経験した人たちを指しています。

ウェイン・クリッツバーグの議論を参照しますと、アダルトチルドレンは六つの類型に分類されています（クリッツバーグ1998：40-43／日本トラウマ・サバイバーズ・ユニオン2023）。

（1）英雄役（ヒーロー）。学校や職場で華々しい活躍をすることで、家族の鼻を高くする子どものことです。その期待に応えつづけようとして、無理をすることになります。

（2）叱られ役（スケープゴート）。トラブルを引きおこすことによって、家族の注意を本来の問題からそらす子どもです。この子さえいなければ、すべては丸く収まるのではないか、という幻想を家族に抱かせることによって、その家族の崩壊を防いでいるのです。もちろん、その子が受ける重圧は大きいでしょう。

（3）不在役（ロスト・ワン）。隠れて目立たず、波風を立てないようにして、「いない」ことによって注意を引く子どもです。そうして本人は家族との人間関係から離れ、じぶんの心が傷つくことを免れようとしています。

（4）道化役（クラン）。おもしろく、かわいらしく振るまうことによって、家族の緊張を緩める子ども。ただし、その仮面の下にはさびしい素顔がひそんでいるはずです。

（5）慰め役（プラケーター）。家族内の衝突をやわらげ、物事を丸くおさめようとする子ども。家族のなかの小さなカウンセラーとして機能しています。

（6）支え役（イネイブラー）。アルコール依存症者がじぶんの失態のせいでイヤな思いをしないですむように立ちまわる子どもです。母親に代わって幼い弟や妹の世話を焼いたり、ダメな父親に代わって母親のケアをさせられたりすることによって、情緒的な近親相姦になっている場合があります。

【質疑応答】

アヤカ　この六つの類型で完備的なんでしょうか。つまり、それ以上の類型は存在しないのでしょうか。

マリコ　この六つの類型は、あくまで参考用の指標ということなんです。それから、このような役割は固定的なものではなくて、状況や場面によって、役割を変更することが多いということも重要です。あるときはスケープゴート、あるときはクラン、またべつのあるときはプラケーター、のような事例もあるわけです。状況や場面に応じて、仮面を付けかえていく。ですから、六つの類型は「アダルトチルドレンというタイプの人々の類型」ではなくて、「アダルトチルドレンが被りうる仮面の類型」と呼ぶのが、より妥当な表現と言えると思っています。

アヤカ　なるほど。

アダルトチルドレンが抱える諸問題

【講義】

マリコ　アダルトチルドレンが抱える諸問題について、クリッツバーグが整理した内容を見ておきましょう（クリッツバーグ 1998: 56-67）。

情緒の問題に関して言うと、アダルトチルドレンの中核感情は恐怖ということになります。この恐怖が怒り、痛み、恨み、不信、寂しさ、悲しさなどへと転化します。恥の感情も特徴的です。それから感情鈍麻によって苦痛に対応する様子も観察されます。

思考の問題に関して言うと、アダルトチルドレンは白黒思考が強く、中庸の感覚は弱いようです。生きていく上での情報が不足しがちで、強迫思考に囚われることがあります。優柔不断な人が多く、学習困難な人が目立ち、思考の混乱が起こりやすく、警戒心が過剰なようです。

身体の問題に関して言うと、アダルトチルドレンは肩こり、腰痛、性機能障害、胃腸障害、ストレス関連障害、アレルギー反応を起こしやすいという見方があります。

行動の問題に関して言うと、アダルトチルドレンは危機志向的な生き方をしています。

そのために、じぶんの環境に対して操作的な振るまいを見せます。結果として親密性を築きにくく、生真面目で、過剰適応しています。強迫的行動、アルコール、薬物、摂食障害、喫煙、人間関係、セックス、スポーツ、完璧主義などを嗜癖の対象とします。

ちなみに「嗜癖」というのは、病的な依存のことです。アダルトチルドレンの場合、嗜癖の問題は、「共依存」として顕在化しやすいと言われています。アルコール依存症者のパートナーは、しばしばアルコール依存症者に必要とされ、その依存される状況それ自体に依存します。このようなパートナーは「イネイブラー」（支え役、甘やかす人）と呼ばれていて、その依存状態や依存関係が「共依存」と呼ばれるようになりました（小西 2017: 6-7）。

NPO法人ASK（アルコール薬物問題全国市民協会）は、共依存を「自己喪失をベースにした苦しい生き方」と定義しています。その上で、じぶんが必要としているもの、やりたいこと、感じていることがわからなくて、じぶんを受けいれること、じぶんをたいせつにすること、じぶんを愛することができないと指摘します。その核には自己否定感、見捨てられ不安、空虚感、深い悲しみ、怒りが渦巻いているようです（ASK 2002: 17）。

【質疑応答】

ダイキ　アダルトチルドレンは依存症になりやすい、そして人間関係を対象とした「共依存」という依存症が存在するということですね。

マリコ　かんたんに言うと、そういうことです。

ダイキ　依存症というと、だらしない人がなる病気というイメージがあったけど。

マリコ　アダルトチルドレンは痛みをともなう感情を抱えながら生きています。その痛みを感じないで済むように、何かにのめりこむんです。そして、そののめりこみが固定化し、エスカレートして依存症になるわけです（ASK 2002: 17）。

ダイキ　なるほど、そういうメカニズムなんですね。

マリコ　そういう「依存症的人間」あるいは「共依存的人間」を抜けだして、健全な日常へと立ちかえることこそ、アダルトチルドレンの回復だと思います。

エンパワメントの機能

【講義】

マリコ　臨床心理士の信田さよ子さんは、アダルトチルドレンという概念の特徴について、つぎのような展望を与えたことがあります（信田 2013: 58-60）。

（1）アダルトチルドレンは肯定の言葉です。アダルトチルドレンという概念によって、当事者はじぶんが生きづらいと自己申告する心のうちの事実と主観、アダルトチルドレンだと自己認知して楽になった事実を肯定できます。

（2）アダルトチルドレンは免責の言葉です。アダルトチルドレンの概念は、じぶんの生きづらさが、じぶんの責任に帰するのではないことを教えてくれます。親との関係を生きのびるために身につけたものが、じぶんを苦しくしているのです。そうして当事者は優しく免責されます。

（3）アダルトチルドレンの概念は、変化への希望を与えます。当事者の生きづらさが、持って生まれた性格によるのではなくて、原家族で生きのびるために学習されたものによると教えてくれます。ですから、学習しなおせば変化が発生します。そういう希望をもたらしてくれるのです。

つまりアダルトチルドレンという概念は、生きづらさを抱えた人が新しい固有の自己概念を肯定する契機をもたらします。その人を罪悪感から免責して、自由への希望を獲得することに寄与します。アダルトチルドレンと自認することで、私たちは新しい人間の雛型として再生する準備を整えられるのです。

信田さんは、別の機会に「被害者」という存在について、つぎのようなことを論じています。被害者たちは一般に受動的なイメージを持たれがちですが、実際にはそれに反して、レジスタンスとしての能動的な性質を宿している。援助者や治療者は、被害者は無垢でケアされるべき存在と見なしがちだけれど、被害者たちはそれぞれが置かれた環境のなかで、生きのびていくための抵抗運動家だというのです（信田 2021: 200）。信田さんは、DV（家庭内暴力）の被害を受けた女性たちが、奇妙に論理的で、明るい雰囲気を見せる場合があることに注目し、性虐待を受けた女性たちがとぼけた印象、「天然」なそぶりを見せたとしても、それらは加害者からの暴言や暴力に抵抗して生きるために身につけたレジスタンスだと理解しなければならない、その視点から被害者の「問題行動」に見えるものも了解可能になるのだと説明しています（信田 2021: 225）。

【質疑応答】

アヤカ　「被害者」に対するこの見立ては、アダルトチルドレンにも適用できそうですね。

マリコ　はい。アダルトチルドレンは、被害経験によって生じた混乱のただなかで苦しみながらも、レジスタンスとして絶望的な抵抗活動に身を投じていると考えられます。アダルトチルドレンの言動がしばしば不可解で奇怪に見えるとしても、その表面下には抵抗のメカニズムがあります。

ダイキ　あの、さっき配ってくれたハンドアウトに書いてあることに興味があります。精神科医療の場でピアスタッフとして働いた佐々木理恵さんが、イギリスには「精神医学に対して声をあげる」（Speak Out Against Psychiatry: SOAP）という団体があること、そのウェブサイトに「回復はコンプライアンス拒否から始まる」（Recovery begins with non-compliance!）と書かれている、と指摘していると書いてあります。

マリコ　はい。佐々木さんは、この標語を「回復は従順じゃないことから始まる」という意味として理解したということです。「回復はロックだ」「従来の支援やその姿勢へのプロテストだ」とも論じています（佐々木／宮本 2023: 249）。回復を必要とする当事者がレジスタンスにほかならないという考え方に通じると考えて、ハンドアウトに載せました。

毒親の問題

【講 義】

マリコ 心理療法家のスーザン・フォワードが、一九八九年に「毒親」という言葉を広めました。日本で広く知られるようになったのは、二〇〇〇年代後半からです。

フォワードによると、愛情があって人間的にそれなりに成熟している親でしたら、家族の構成員それぞれの気持ちやニーズを考慮して、子どもの成長にとって必要な基盤を与えることができますし、やがて子どもが独立していくことについても安定した感情を持って見守るものです。そういう親は、子どもが親と違う考えを持っていても問題ないと判断し、親でも故意に子どもを傷つけてはならない、子どもはまちがえたり失敗したりすることを恐れるべきではない、と考えます（フォワード 2021: 213-214）。

その上でフォワードは問題のある親、「毒親」について論じます。毒親は考え方がほぼつねに自己中心的で、なんでもじぶんの都合が優先すると考えます。結果として子どもはなんでも親のいうことを聞くべき、親のやり方が必ず正しい、子どもは親に面倒を見てもらっている以上、いちいち子どもの言い分を聞く必要はない、などと信じきっています。毒親は、じぶんの考えがまちがっていることを示す事実に抵抗し、じぶんの考えを変えるのではなく、じぶんの考えに合うように周囲の事実をねじまげて解釈するため、子どもはそのねじれた考えに影響を受けることになります。

じぶんの親に「毒」のレッテルを貼ることに躊躇するアダルトチルドレンは、非常に多くいると思います。臨床哲学の高倉久有さんと小西真理子さんは、アダルトチルドレンという概念は自己自認に関わるため、じぶんの性質として受けいれるのが難しい一方で、毒親は他者に対して向けるものなので、容易に採用できると主張していますけれども（高倉／小西 2022: 75-77, 80-81）、アダルトチルドレンのための自助グループを主宰してきた私としては、同意できません。むしろ多数派のアダルトチルドレンは、「アダルトチルドレン」という概念が曖昧なぶんだけ、じぶんの性質として受けいれやすいと感じているものですし、恩もあればいくばくかの長所や美点もあるはずの親に「毒親」という呼称を冠することには、抵抗を感じてしまうことが多いのです。

【質疑応答】

ダイキ　そもそも毒親って何者なんでしょうか。毒親はどうして毒親になったんでしょうか。

マリコ　水島広子さんが、精神科医として「毒親の正体」を論じていて、四つのパターンに整理しています。

（1）発達障害タイプ（自閉スペクトラム症とＡＤＨＤ）
（2）不安定な愛着スタイル
（3）鬱病などの精神疾患（トラウマ関連障害、アルコール依存症）
（4）環境問題（ＤＶ、深刻な嫁姑問題、育児に対する心の準備不足など）
（水島 2018: 54）

水島さんは、この四つのパターンが「毒親」のすべてを説明しきれるわけではないと弁明しつつも、「これまで臨床で経験してきたなかでは、何の事情もなく「毒親」になった親はいなかったことも付け加えておきたいと思います」とじぶんの見解に自信を見せています。とくに水島さんは毒親の多くが発達障害者だという見解を示しています。

ダイキ　なるほど、毒親は精神疾患のある人、とくに発達障害者の事例が多いんですね。

マリコ　私は思うのですが、精神科医が「毒親」という非常にネガティブな位置づけにある人間類型を精神疾患と結びつける以上、きわめて慎重な議論が必要ではないでしょうか。「精神疾患があるから毒親になった」と単純に論じれば、精神疾患に対するスティグマを煽ってしまいます。それなのに水島さんは、かなりあっけらかんと「毒親≒精神疾患の患者」という議論を展開しています。これでは水島さんご本人が、精神疾患に対する偏見を高めるのに寄与した「毒医者」と呼ばれかねません。

アヤカ　「親ガチャ」という言葉も毒親問題に近いですよね。

マリコ　はい。二〇一七年ごろから、インターネット上で「親ガチャ」という言葉が使われはじめました。二〇二一年には、ユーキャン新語・流行語大賞のトップテンに選出されました。生まれてくる子どもは親を選べないという前提に立って、スマホゲームなどの「ガチャ」（アイテムを獲得するくじ引き）に親子問題を透かしみた言葉で、「親ガチャ」に成功すれば、生まれもった資産や容姿や知能指数に恵まれているというわけです。「親ガチャ」に失敗すれば、それらに恵まれなかったということになります。この「親ガチャ」に関する言説は、「毒親」問題に対する関心の変奏という面があったでしょうね。

アヤカ　ガチャをされてるのは、ポンと生まれてくる子どものほうに決まってるじゃないか、「親ガチャ」なんて言ってる子どもを持った親のほうが、「子ガチャ」に失敗したことになる、という意見を見たことがあります。

マリコ　親サイドからの感情的な反発というわけですね。それにしても、仕組みを考えるとガチャとは言えないところに「親ガチャ」という言葉のいくばくかのユーモアがあったと思うのですが、「子ガチャ」なんて言ったら、そのますぎてユーモアのかけらもありませんから、そんな発言をしている人は、言語センスが壊滅しているとしか言いようがありませんね。

アヤカ　あはは。厳しいですね……。

【講義】

マリコ　さて、毒親に関して重要なのは、彼らも多くの場合、もともとはアダルトチルドレンだったという事実です。アダルトチルドレンや毒親の問題は、世代間で遺伝するかのように連鎖します。二〇一三年に刊行された厚生労働省の資料は、子どもの虐待が起こる原因として、二〇〇〇年に刊行された「健やか親子21検討会報告書」の記述を引用しています。それによると、子どもを虐待した多くの親は、（1）じぶんが子ども時代に親から愛情を受けなかったこと、（2）経済不安、夫婦不和、育児負担といったストレスが積みかさなって危機的状況が発生していたこと、（3）社会的に孤立し、支援する人がいなかったこと、（4）望まぬ妊娠によって子が生まれた、愛着形成に阻害があった、育てにくい子だったなどの事情から親の意に沿わない子だったこと、という四つの要素が揃っていたということです（厚生労働省雇用均等・児童家庭局総務課 2013: 26）。だから虐待を予防するには、これらの四要素が揃わないよう働きかけることが効果的と言えるでしょう。

この考察を踏まえると、毒親の子どもがみな毒親になるわけではないにしても、初めからそのようになるリスクが高いことは明らかです。一般的に考えても、子どもにとって親が与えた常識から自由になることは、困難な場合が多いはずです。子どもの頃に虐待を受け、暴力や暴言によって傷つき、絶対にこんなことはイヤだと思っても、実際にじぶんがそのようなことをされたのだから、「最悪の場合は、そういう虐待もありうる」と認知が歪んでしまう。結果として、過大なストレスによって心が消耗したときなどに、実際に我が子に対して暴力や暴言を振るってしまうのです。

【質疑応答】

アヤカ　そういうメカニズムで、毒親の子が頻繁に毒親になってしまう、アダルトチルドレンの子が頻繁にアダルトチルドレンになってしまうんですね。

マリコ　この世代間連鎖を回避するためにも、当事者にはぜひ回復をめざしてほしいと思います。

1-2 医療的観点から

逆境的小児期体験

【講義】

マリコ　子ども時代の過酷な体験は、精神医学の領域で「逆境的小児期体験」（ACEs）と呼ばれています。アダルトチルドレンは、毒親のもとで育ったという仕方での、逆境的小児期体験の当事者と呼ぶことができるでしょう。

社会学者の三谷はるよさんは、この「逆境的小児期体験」が「毒性ストレス」となって私たちの身体に悪影響を与えることを説明してくれています（三谷 2023: 46-49）。医学的な用語が混じっているので難解に感じるかもしれませんが、かいつまんで紹介しておきましょう。三谷さんによると、「毒性ストレス」とは、安定した応答的緩衝がない状態で、通常の限度を超えるストレス反応が発生し、身体に摩耗と損傷を与える現象だそうです。

人間は大脳皮質で危険を察知し、扁桃体が恐怖や不安を感じます。この危険に対処するために視床下部はＣＲＨ（副腎皮質刺激ホルモン放出因子）を出し、ＨＰＡ軸（視床下部脳下垂体副腎皮質軸）とＳＡＭ軸（視床下部交感神経副腎髄質軸）に働きかけます。

ＨＰＡ軸は脳下垂体からＡＣＴＨ（副腎皮質刺激ホルモン）を出して、副腎皮質からストレスの多い状況で急激に分泌が増えるコルチゾールを出し、各器官での代謝の促進、脂肪の貯蔵、繁殖機能の抑制、身体の炎症やアレルギー反応の抑制を実現することで、ストレス源に対処できる状態を作りだします。

ＳＡＭ軸は視床下部を介して副腎髄質から心拍数を増加させ、血圧を上昇させ、身体の各器官で血管収縮を起こすアドレナリンと、心拍数や血圧をあげるほか、注意力を高め、記憶力を良くするノルアドレナリンを分泌します。アドレナリンやノルアドレナリンによって、ストレス源に対して「闘うか、逃げるか」の反応が可能になります。

コルチゾール、アドレナリン、ノルアドレナリンというホルモンはそれぞれ、通常は放出されっぱなしにならず、危険が去り、身の安全が確保されると、ＨＰＡ軸やＳＡＭ軸の働きは止まるものです。アロスタシスという生命維持の安定性が働くわけです。ところが慢性的にストレスにさらされると、ＨＰＡ軸やＳＡＭ軸でのストレス反応が調節障害に陥り、身体の内部でストレス反応がたえまなく発生して、身体がＨＰＡ軸やＳＡＭ軸の動きを停止できなくなってしまって、アロスタシスが崩れてしまいます。

【質疑応答】

ダイキ　医学用語に不慣れで、ちょっと眩暈がしてきそうでした。

マリコ　要は逆境的小児期体験は、そういうホルモン系の失調として、私たちに実質的な健康被害を与えてくるということですね。これがアダルトチルドレンが感じている不調の正体だと考えることができます。アダルトチルドレンがいつも胸苦しい、不安な感じがする、安全な状況に身を置いていても迫害されているような気分になってしまう、といった心理現象を体験するのは、さきほど紹介した医学的なメカニズムに由来しているわけです。

ダイキ　なるほど。

複雑性ＰＴＳＤと発達性トラウマ障害

【講義】

マリコ　アダルトチルドレンの問題を精神医療の観点から理解するとしたら、私たちが患っているのは、多くの場合、複雑性ＰＴＳＤだと見なすことができるでしょう。

複雑性ＰＴＳＤという概念を提唱した精神科医のジュディス・Ｌ・ハーマンは、従来の心的外傷後ストレス障害（ＰＴＳＤ）は、主として限局的な外傷事件の被害者から取られたものだということに注意を促します。典型的には戦闘、自然災害、レイプなどによってＰＴＳＤが生じるわけです。ところが幼年期に虐待を受けた被害者など、長期的で反復的な外傷のサバイバーの症状像は、しばしばはるかに複雑で、特徴的な人格変化を示し、自己同一性および対人関係の歪みが生じる、とハーマンは指摘します。それで捕囚生活によって起こる人格の深刻な歪みを把握する診断名が必要だと考えて、ハーマンは複雑性ＰＴＳＤを提唱したのです（ハーマン 1999: 187-188）。

複雑性ＰＴＳＤは、精神疾患の診断基準を与えるマニュアルのうち、ＤＳＭにはまだ採用されていません。二〇二二年に刊行された『精神疾患の診断・統計マニュアル』第五版追加修正版（DSM-5-TR）でも同様でした。ところが、もうひとつの重要なマニュアルＩＣＤではすでに採用済みです。二〇一九年に刊行された『国際疾病分類』第一一版（ICD-11）には、診断基準が掲載されていて、それはＰＴＳＤの診断基準を基礎にしています。

それでまずは、ICD-11に掲載されたＰＴＳＤの診断基準を確認したいのですが、それはこうなっています。（1）トラウマ的な出来事を現時点で再体験すること（フラッシュバックの発生）、（2）内部的にはトラウマ的な出来事に関連した思考や記憶を積極的に回避し、外部的にはその出来事を思いださせる人々、会話、活動、状況を回避し、生活環境を変えることもあること、（3）過剰に警戒し、現在の脅威が高まっているという持続的な認識があること（ＷＨＯ 2023a）。この三つの症状を満たしていれば、ＰＴＳＤが診断されます。

それに加えて、（4）感情にムラがあり、暴発するのを防ぎにくいこと、（5）恥辱感、罪悪感、挫折感などじぶん自身について強く否定的な感情があること、（6）人間関係を維持したり、他者を親密に感じることが持続的に困難になること。先のＰＴＳＤの診断基準を満たした上で、以上のべつの三症状がある場合に、複雑性ＰＴＳＤと診断されるのです（ＷＨＯ 2023b）。

【質疑応答】

ダイキ　複雑性ＰＴＳＤの人はどのように症状を体験しているのか、気になります。

マリコ　精神科医の原田誠一さんが、つぎのように説明しています。相手が当事者の発言内容と少しでも違うことを口にすると、あるいはじぶんの価値観や基盤にそぐわない出来事に遭遇すると、当事者は理不尽に攻撃され、全否定されたと感じやすいこと。じぶんが意図していた内容と異なる話題に付きあうと、外傷記憶が活性化する可能性があること。気持ちがいいことを探すことやじぶんをねぎらうことに慣れていなくて、それに誘うと拒絶的な応答をしてしまうこと。判断や意思決定を治療者に丸投げする場合があること（原田 2023: 1109-1112）。

ダイキ　かなり厄介ですね。でもお聞きしていて、ぼく自身にも思いあたるところがあると感じて、ドキッとしました。

マリコ　そのくらい当事者は傷ついているということです。

ダイキ　アダルトチルドレンは複雑性ＰＴＳＤの当事者と考えて良いのでしょうか。

マリコ　私はそういう事例が非常に多いのではないかと考えています。

アヤカ　複雑性ＰＴＳＤに関する本を読んでいると、発達性トラウマ障害というよく似た概念が紹介されていました。

マリコ　ベッセル・ヴァン・デア・コークという精神科医が提唱した概念ですね。コークはハーマンとは独立に、虐待やネグレクトを受けた子どもたちについて、（1）睡眠障害、頭痛、接触や音に対する過敏など普遍的な調節不全が起きていること、（2）注意と集中の障害があって、自慰や体の振動、自傷行為に慢性的に耽りがちなこと、（3）言語処理や細かな動作が難しくなり、じぶんや他者と仲良くやっていくことの困難を抱えていることなどに注目して、そういう子どもたちの症例を「発達性トラウマ障害」と名づけたんです（コーク 2016: 262-264）。

アヤカ　複雑性ＰＴＳＤとは別物なんでしょうか。

マリコ　ほとんど重なっていると考えて良さそうです。先行して議論したのはハーマンですが、コークの場合は、その診断名が暗示しているように、複雑性ＰＴＳＤ的な症例が後天的に発達障害のような症状をもたらしていることに注目した点が、画期的だったと言えそうです。

アヤカ　「第四の発達障害」という表現もときどき眼にします。

マリコ　精神科医の杉山登志郎さんが、コークとほぼ同様の立場に立って、日本での議論をリードしてきました。杉山さんは、精神遅滞、肢体不自由などの「古典的発達障害」を「第一の発達障害」、自閉スペクトラム症を「第二の発達障害」、注意欠陥多動性障害（注意欠如多動症、ADHD）や学習障害（限局性学習症、SLD）などの「軽度発達障害」を「第三の発達障害」と位置づけた上で、児童虐待によって発生する発達障害状の病態を「第四の発達障害」と呼びました（杉山 2007: 19）。

アヤカ　つまり、アダルトチルドレンの問題とは「後天的な発達障害」の問題なんですね。

マリコ　以上の議論を総合すると、そのように考えることもできそうですね。

ダイキ　発達障害って、先天性の障害だって言われていますよね。で、アダルトチルドレンは後天的な問題ですよね。それでは、生まれつき発達障害の人で、後天的にアダルトチャイルドにもなった場合はどうなるんでしょうか。そういう事例ってないのかな。

マリコ　いえ、よくあると思いますよ。毒親に関する講義のときにも少し話題になりましたけど。ですから整理すると、生まれつき発達障害の人でアダルトチャイルドではない人、生まれつき発達障害ではないけれどアダルトチャイルドの人、生まれつき発達障害の上にアダルトチャイルドでもある人、と三種類いるわけですね。

ダイキ　うん、そうなるわけですね。で、第三の類型では、発達障害の問題と複雑性PTSDの問題が重複しているわけですね。

マリコ　はい。ですが、発達障害者は生育過程で、機能不全家族で育ったのではないにしても、多かれ少なかれ少数派として心の傷つきを経験するはずでしょうから、PTSD的な症例を示している事例は非常に多いです。

ダイキ　そうなると、その人のどのあたりが発達障害の問題で、どのあたりがＰＴＳＤ的な問題で、どのあたりが複雑性ＰＴＳＤの問題なのかって、鑑別が困難ではないでしょうか。

マリコ　はい、そのとおりです。現状の医学や心理学の水準では、本人にもプロの支援者にも、うまく整理して把握できないことが多いです。

ボーダーラインパーソナリティ症、愛着理論、依存症

【講義】

マリコ　複雑性ＰＴＳＤに関しては、ボーダーラインパーソナリティ症（境界性パーソナリティ障害、ＢＰＤ）との鑑別の困難さも、よく話題になります。精神科医の飛鳥井望さんによると、ボーダーラインパーソナリティ症は、見捨てられまいとする尋常ならざる労力、理想化と脱価値化のあいだを揺れうごく不安定で激しい対人関係、著しくかつ持続する不安定な自己感覚やイメージ、衝動性を見せる点、自殺企図や自傷行為の頻度の高さで、複雑性ＰＴＳＤとは差異があるということです（飛鳥井 2021: 21）。私がアダルトチルドレン

のための自助グループを主宰していて感じるのは、参加者には複雑性PTSDの当事者だけでなく、ボーダーラインパーソナリティ症の当事者も多そうだということです。

それから複雑性PTSDには、愛着（アタッチメント）の問題も、深い関わりがあると考えられそうです。愛着理論を提唱した精神科医のジョン・ボウルビィは、人間の基本的な構成要素として、特定の個人に対して親密で情緒的な絆を結ぶ傾向を見ました。その愛着は新生児期に始まって、成人から老年に至るまで持続します。絆は当初は、親や親に代わる人物とのあいだに結ばれますが、青年期や成人期に入ると、その愛着ないし絆は、一般的には特別な恋愛および性愛のパートナーとのあいだに結ばれるようになっていくのです（ボウルビィ 1993: 153）。

アダルトチルドレンは、この愛着の形成が不全状態になっていると考えられます。子どもの頃に親とのあいだに愛着が形成されなかった結果として、成人後もパートナーとのあいだの愛着形成が阻害されるのです。

【質疑応答】

アヤカ　「愛着障害」という言葉を聞いたことがあります。

マリコ　はい。いま話題にした愛着不全のことですね。

アヤカ　日本語で「愛着」と言うと、どうしても「愛」という感じから英語の〈LOVE〉を連想してしまいますね。

マリコ　はい、「愛情不足によって起こる恋愛困難などの障害」というイメージで議論されていることもありますね。耳目を掻きたてやすいと思いますけど、それは俗流心理学です。「愛着」は「ラブ」ではなく「アタッチメント」、つまり情緒的な結びつき全般です。

ダイキ　もっとしっかりした科学的な概念なんでしょうか。

マリコ　臨床心理士のフィリップ・J・フローレスは、愛着に関する科学的知見をいくつか挙げていますす（フローレス 2019: 139）。（1）愛着は遺伝子の発現を変えることができる。（2）愛着と心理療法は、脳内伝達物質の化学を変えることができる。（3）学習にもとづいた経験は、神経細胞同士の接続を変えることができる。（4）環境からの刺激は、脳内のさまざまな作用の強度と自律的なパターンを変化させる。（5）シナプスの強さは経験に左右される。（6）会話の刺激や愛着を結ぶことは脳内の生化学を変化させ、シナプスに働きかける。

ダイキ　「愛着」と言うと漠然とした怪しい概念にも見えますが、実際には遺伝子学や神経生理学に関係のあるものなんですね。

マリコ　アダルトチルドレンの私たちは、「愛着障害」によって体の組成が変質してしまっているのだと思います。そう考えると、「愛着障害」は複雑性ＰＴＳＤとなんらかの関係がありそうですが、私にも詳しくはわからない、というのが正直なところです。

複雑性ＰＴＳＤとの関係で、もうひとつ理解しておきたい精神疾患が、依存症（アディクション）です。アダルトチルドレン・オブ・アルコホーリックス・ジャパンは、自助グループ活動のためのマニュアル『ＡＣＡフェローシップテキスト』（通称「ビッグレッドブック」）で、多くのアダルトチルドレンが薬物、ギャンブル、食べ物、恋愛、セックス、人間関係などに嗜癖し、じぶんを情緒的かつ身体的に傷つけること、狂ったようにそれらを追求して、どんどん自暴自棄になって、結果として自滅することを指摘しています（アダルトチルドレン・オブ・アルコホーリックス・ジャパン 2022: 73）。

アダルトチルドレンのこの依存症への親和性も、複雑性ＰＴＳＤに関わるものとして理解することができます。精神科医の松本俊彦さんは「多少ともこの領域の臨床をかじったことのある者ならば、アディクションとトラウマ、ことに複雑性ＰＴＳＤとの密接な関係を疑う者はいないだろう」と指摘しています。さらに松本さんは「理想の治療法は明らかにされている。それは、アディクションの治療を行ってからトラウマを扱うといった『順次的治療モデル』や、別々の援助者が依存症とトラウマの治療を同時並行して提供する『並行的治療モデル』ではない。効果的な治療法は、同じ援助者が同時に両障害に対する治療を提供する『統合的治療モデル』だ」とも、「重要なのは、患者が自身の『いま』を否定されない、『セーフティ』な治療関係だろう。それには、見え隠れする患者の『変化したい気持ち』と『変化を躊躇する気持ち』の両価性に共感しつつ、よりハームの少ない選択肢を模索する関係性を維持することなのだ」（松本 2021: 475-477）と論じています。

アヤカ　ということは、依存症に陥ったアダルトチルドレンの救済は、複雑性ＰＴＳＤの治療をつうじてなされることが必要だということですよね。

マリコ　おそらくは、そうなります。治療者は当事者の心の機微に向きあいながら、依存対象をより実害（ハーム）の少ないものに切りかえていくという、いわゆるハームリダクションの措置を取らなければならないわけです。

アヤカ　わりとはっきりした回復モデルがあるんですね。

マリコ　そうですね。「回復」を依存症状態からの完全な離脱ではなくて、実害の低減に見いだすという回復モデルです。

1-3 ふたたび心理学的観点から

希死念慮の問題

【講義】

マリコ　回復モデルの話を進める前に、改めて心理学的観点に立って、若干のトピックに視線を投げかけておきましょう。

まずは希死念慮の問題です。複雑性ＰＴＳＤの問題について、希死念慮はボーダーラインパーソナリティ症の当事者ほど高くないと言いましたね。ですが、これはあくまで数値が低くなるだけのことで、両者が無縁というわけではありません。アダルトチルドレンの自助グループを主宰していると、多くの当事者が希死念慮に苦しんでいることがわかります。これは私自身も例に漏れません。

心理学者の末木新さんは、トーマス・ジョイナーによる「自殺の対人関係理論」を紹介しています。自殺の危険性は、(1)自殺潜在能力、つまり練習などによって鍛えられた死にきる力、(2)所属感の減弱、つまり他者やコミュニティと離れて孤独を感じていること、(3)負担感の知覚、つまり他者や社会にとってのお荷物になっているという自責感の三つの要因が重なったときに、もっとも高くなるというのです。ですから介入方法としては、周囲の環境を物理的に制限して自殺の手段を除去すること、相手の話を共感的に聞くことで紐帯を結ぶこと、信頼関係を築いたあとで、負担なばかりではないということを伝えていくことなどが考えられます(末木 2020: 41-44, 123-128)。

【質疑応答】

ダイキ　その三つの要因のうち、どれがいちばん決定的なんだろうか。

マリコ　とりわけ所属感の回復が、自殺の予防にとって本質的だと私は考えています。

ダイキ　どうしてですか。

マリコ　さまざまな自殺の事例を見聞きしているうちに、自殺者たちは、悩みごとを本格的に相談できる相手がいないということを特徴としていると感じるようになったからです。

アヤカ　資産家とか有名人みたいな人でも、とつぜん自殺したりしますよね。

マリコ　多くの人から恵まれていると見える人であっても、その状況に付随する苦しみを理解し、共有する人は限られるからだと思います。

ダイキ　それで一瞬にして自死を決行したりするのかな。

アヤカ　自殺する人は、多くの場合、孤独に苦しんでいると。

マリコ　とするならば、その孤独を解消することができれば、死ななくて済むのではないでしょうか。それで最大のポイントは、「人とのつながり」ということになると思うんです。

HSPの問題

【講義】

マリコ　二〇世紀末のことですが、臨床心理士のエレイン・N・アーロンは、あらゆる年代のおよそ五人にひとりが「極端に敏感」または「かなり敏感」だと感じているという電話調査を提示して、そのような人々をHSP（ハイリー・センシティブ・パーソン、とても敏感な人）と呼びました（アーロン 2000: 6）。この議論が、二〇一八年に刊行された武田友紀さんの『「繊細さん」の本』によって、突如として日本で注目を集めるようになりました。

心理学者の飯村周平さんは、X（旧Twitter）を分析してみると、「HSP」という言葉を好んで使う人は、しばしば「アダルトチルドレン」や「毒親」をじぶんの問題と考えている人だという調査結果を提示しています（飯村 2023: 20）。また飯村さんは、この言葉が広まったのは、繊細さにともなう「生きづらさ」に肯定的な物語を与えることができるから、「五人にひとり」という割合がもっともらしかったから、「障害ではない」というラベルがHSPを自認する人にとって心地よかったから、HSPの下位分類などが直感的でわかりやすかったから、じぶんのモヤモヤに回答を与えてくれたからなどと指摘しています（飯村 2023: 24-31）。

【質疑応答】

アヤカ　HSPは一時期、ブームになっていましたね。

ダイキ　テレビで特集してるのを観たことがあります。

マリコ　HSPに関する言説はすでに、ほとんど疑似科学的なものとして葬りさられつつあるような印象を受けています。

アヤカ／ダイキ　そうなんですね！

マリコ　でもＨＳＰという概念が人気を博した理由として、アダルトチルドレンの概念と同様の事情、つまりじぶん自身の漠然とした生きづらさに説明を与えてくれるものだと感じられたことは、軽んじられるものではないと思うんです。

アヤカ／ダイキ　ふむふむ。

マリコ　おそらくＨＳＰを自認する人は、しばしば発達障害や複雑性ＰＴＳＤや、ボーダーラインパーソナリティ症など、その他の精神疾患の特質を持った人が多いのだと思います。そのようなことを考えると支援者や研究者は、ＨＳＰの概念に飛びつく当事者たちを非難する前に、じぶんはＨＳＰだと訴える人たちの具体的な救済をまず講じるのが任務と言えると思うんです。自戒を込めて言うのですけれども。

出口として　ダイキの物語

この公民館に通うのも何回目かな。会場になった建物から出てきたぼくは、暖かな太陽の光を浴びながら、大きく背伸びをした。講習は日曜日の午前中に開かれているから、いまからたっぷり時間はある。横にいるアヤカの顔を見ていると、彼女もたくさん勉強して充実感を抱いていることがわかる。彼女から聞いたところによると、障害のある人のための介護の仕事をしていても、「機能不全家族」のことはよく話題になるそうだ。それどころか、古い時代には、いまの時代からは想像もつかないくらいの壊れっぷりを見せていた家庭もゴロゴロあったようだ。昔からいろんな時代のいろんな場所で、多くの人がこの問題に苦しんできたのだろう。

ぼくは今回の連続講習でたくさんのことを学んだ。「アダルトチルドレン」という言葉はどこかで聞いたことがあったかどうかという程度の認識だったのだけど、ぼく自身がまさにそうなのだということ。アダルトチルドレンにはいくつもの種類があるということが、意外だった。ぼくは「英雄役」でもあり、「道化役」でもあり、「叱られ役」でもあったと思う。アダルトチルドレンの抱える問題でいうと、ぼくはアルコールだ。喫煙をしていた時期もあったけど、アヤカにはいろんなアレルギーがあって、タバコの香りで発作を起こしてしまうから、いまではぼくも禁煙している。母親は父親に対して共依存の関係だったと思うし、泣きじゃくるぼくの行動を優しく慰めるばかりのアヤカのことも、ぼくは共依存の当事者にしてしまっていたのかもしれない。

アダルトチルドレンという言葉にエンパワメントの機能があるという説明は、かんたんに納得できた。ぼく自身、じぶんの問題や境遇に名称が与えられて、大いに力づけられた。ぼくは親の良いところも知っているから、毒親とか親ガチャとかいう言葉には正直に言って、抵抗を感じる。でも、こういった言葉を使えることでようやく声を出せるようになる人もいることは充分に理解できるから、否定的に捉えようとは思わない。毒親の問題には遺伝性があると知った。ならば親子関係に介入し、子育てを支援する公的な体制づくりが必要だと思った。逆境的小児期体験、複雑性PTSD、愛着理論などは医学的知識が関係していて、難しい部分もあったけど、基礎的なことを知ることができたのはありがたい。

ぼくには希死念慮はないけど、この泣き癖がいつまで経っても終わらないままになり、いつしか別の心身の不調なんかも発生して、いろんな問題が絡まってきたら、どうなるかわからない。希死念慮というのは、小さい頃からずっとあったという人もいれば、人生のある時期からとつぜんいつも死にたいと感じはじめる人もいるのだという。だからぼくにとっても人ごとではない。ＨＳＰは数年前によく話題になっていたけど、ぼくはじぶんが特別に敏感だとか繊細だとかと思ったことはないから、よくわからない。いずれにしても困っている人を救済するための具体的方策を提示するのが先という意見には頷かされた。

なにより良かったのは、講義を何度も聞くうちに、なんだかぼくの心が安らかになっていったことだ。なにも知らないでいる時間が長すぎたと思う。こうやって講義を聞いて、頭の整理を進められるようになると、じぶんの悩みに対する見通しがよくなって、頭のなかの霧のようなものが晴れてくる。ぼくの「夜泣き」も明らかに軽くなりだした。少なくともアヤカの前で泣きじゃくるようなことは恥ずかしくてできなくなった。じぶんの問題がはっきりしたことで、混乱状態が解消された結果だと思う。だから、これからもアダルトチルドレンの問題について、もっと学んでいくつもりだ。

きょうはいまからアヤカと一緒にデパートのフードコートに行って、パスタ料理を食べる。ぼくはイカスミのパスタを食べようと思うんだ。口の周りを黒くして、アヤカをめいっぱい笑わせてあげたいから。

『くるまの娘』 宇佐見りん著

ミナ 今回は宇佐見りんさんの『くるまの娘』(二〇二二年)を取りあげ、対話してみましょう。

ハルト 一七歳の女子高校生「かんこ」が感じている家族をヒリヒリとした焼けつく文体で表現した作品だね。

ミナ 宇佐見さんはデビュー作『かか』(二〇一九年)でも、『推し、燃ゆ』(二〇二〇年)でも同じような表現形式を選んでた。

ハルト うん。語り手の感覚的な体験世界を緻密に立ちあげていくことに熱心な作家と言える。『推し、燃ゆ』では主人公の少女が発達障害なんじゃないかって話題になった。

ミナ 『くるまの娘』の家族について見てみましょう。母親は脳梗塞を起こしたあと、リハビリを経ても完全に回復せず、酒に溺れている。逆上したら包丁を持ちだすような困った人。

ハルト 主人公はアルコール依存症者の娘ということで、アダルトチルドレンなんだね。

ミナ　父親も母親に負けず劣らずで、スイッチが入ると暴力でも暴言でも家族を痛めつける人。主人公は機能不全家族の娘という意味でもアダルトチルドレン。

ハルト　父親は、もとの家族でやはり父親から暴力を振るわれたり、母親から育児放棄されたりした人なんだよね。だからアダルトチルドレンの子どもはアダルトチルドレンになりやすい、毒親の子どもは毒親になりやすいという構造どおりだ。

ミナ　元被害者が加害者になっていくってせつないね。

ハルト　坂上香監督の映画『プリズン・サークル』（二〇二〇年）で描かれたみたいに、いわゆる加害者、受刑者はしばしば元被害者なんだよね。『くるまの娘』に話を戻すと、主人公の兄は家族を避けて「自立」した人、弟は祖父母の家に住んで中学に通ってる。

ミナ　父方の祖母が亡くなったことで、家族が久しぶりに集まって、むかしよくやった車中泊をやる。車のなかは狭いし、時間も二、三日だから、空間的にも時間的にも密度が高くて、それが宇佐見さんの緊迫した文体によく似合ってると思う。

ハルト　終わりのほうに出てくる「地獄の本質は続くこと、そのものだ。終わらないもの。繰り返されるもの」という一節が頭に残ったよ。

ミナ　この作品は「共依存」を描いていると思うんだけど、他者と主人公の癒着した感じは『かか』でも『推し、燃ゆ』でも作者のテーマになっていたね。

ハルト　そこに作者の女性性と、若さ・子どもっぽさが混じりあっていて、独特な魅力を放っている。これから宇佐見さんがどんな書き手に変貌していくのか楽しみだ。

ミナ　で、共依存を描いてるんだけど、そういうふうに説明してみせる論理に主人公は抵抗を見せる。「もつれ合いながら脱しようともがくさまを「依存」の一語で切り捨ててしまえる大人たちが、数多（あまた）自立しているこの世をこそ、かんこは捨てたかった」という一節。圧倒された。

ハルト　これは作者の文学礼賛でもあるよね。文学が描くものとは、かんたんな言葉で切りとれないものなんだっていう。

ミナ　そういうことなんでしょうね。

ハルト　つぎの一節も印象的だった。「もし外部の力が働いたとしても、自分はこの家から保護されたいわけではないということだった。かんこもまた、この地獄を巻き起こす一員だ。だからかんこが、ひとりで抜け出し、被害者のようにふるまうのは違った。みんな傷ついているのだ、とかんこは言いたかった。みんな傷ついて、どうしようもないのだ。助けるなら全員を救ってくれ、丸ごと、救ってくれ。誰かを加害者に決めつけるなら、誰かがその役割を押し付けられるのなら、そんなものは助けでもなんでもない」。家族に対する愛情が生半可ではないことを示している。
ミナ　うん。それも文学礼賛になっているね。安易な救済の論理を否定しているから。でも宇佐見さんは、文学礼賛を安住の地にする作家でもないって思うのね。
ハルト　どういうところでそう思うの？
ミナ　たとえばつぎの一節。「少なくとも自分の苦しみが国や時代の変化ひとつでどうにかなるという考えは、かんこにはどうしてもできなかった。いや、もしかすると、何らかの制度と自分の苦しみとはつながっているのかもしれないし、遠い未来、いくらか改善されることもあるのかもしれない。だがすべてが遅かった。何もかも遅かった。人が傷つく速度には、芸術も政治もなにもかも追いつかない」。人間の感受性は、文学を含めた芸術であれ政治であれ、とても拾いきれないと言ってるわけでしょう。
ハルト　個人の体験世界の質感を追求したい作家。ということは「人間礼賛」がテーマなのかな？
ミナ　宇佐見さんは「〇〇礼賛」みたいな切りとり方にも、否定的なんじゃないかなって思うんだけどね。

COLUMN

『イグアナの娘』 萩尾望都作

ミナ 『イグアナの娘』は萩尾望都の少女マンガ。一九九二年に発表された短編。

ハルト 萩尾さんの作品には、親子の深刻な葛藤が好んで描かれるよね？

ミナ あるときは母と娘、あるときは父と息子。そういう親子がテーマになった作品はとても多いと思います。よく比較される大島弓子さんとか山岸涼子さんの作品もそうだけど。

ハルト 萩尾さん自身も、お父さんお母さんと折りあいが悪くて、そうなったってインタビューでよく語っているね。

ミナ そのテーマ性をいちばんコンパクトに理解できるのが『イグアナの娘』。

ハルト 初めて生まれてきた赤ん坊の長女がイグアナの姿をしていると感じる母親がいて、娘はそのままの姿で成長していく。娘のほうも母の影響を受けてか、じぶんをイグアナだと思ってしまう。

ミナ 実際には美貌に恵まれて、知性も高いのに。

ハルト 妹、つまり次女はふつうの人間の姿で描かれる。

ミナ　成長後、長女は豪快な男性と結婚するけど、生まれてきた子どもが人間なのに違和感を抱いてしまう。

ハルト　アダルトチャイルドに刷りこまれた固定観念の怖さ。

ミナ　そのうち母親が亡くなるけど、その死に顔は主人公にそっくりなイグアナ!!

ハルト　結局、母親と長女はとても外見が似ていて、母親はじぶんに対する劣等感を長女に投影していたんだね。

ミナ　そういう親子関係って、案外多いんじゃないかな。親がじぶんの外見や内面のどうしても気に入らない部分をわが子に発見して、強く憎んでしまうってこと。

ハルト　人間関係一般でも、そういうふうな愛憎ってあちこちで見かけるかも。

ミナ　うん、私もそう思う。長女はね、母親の正体は、イグアナが人間の女性に生まれ変わった存在だったんじゃないかって夢想するじゃない。ここは私にはちょっとファンタジーっぽすぎたかな……。

ハルト　僕にはほどよく幻想的で、作品の奥行きを増してると思えたけど。

ミナ　『イグアナの娘』って、一九九六年に菅野美穂主演でテレビドラマ化したんだよね？　どういうふうに映像化したんだろう？

ハルト　動画配信サイトで見たことがあるよ。母親とか主人公の視点から見たときのみ、主人公がイグアナの姿に見えるように編集されてるんだ。イグアナの姿が、子ども向けの特撮番組に登場する怪物・怪人みたいに、わりとリアルなんだ。

ミナ　原作はすごく短いのに、テレビドラマは一回四五分で全一一回!? どうやって引きのばしたんだろう。

ハルト　主人公が母と葛藤するだけじゃなくて、妹ともこじれていて。あと主人公の恋愛模様が主軸になっていて、その描写が多いんだ。それから恋愛のライバルになる女子生徒からのいじわるも多い。あとは主人公と転校してきた親友との友情の描写。この人が終盤になって交通事故で亡くなってしまい、それがひとつの転機になる。

ミナ　ふうん。原作をわりと水増しした感じなんだ。

ハルト　そういう面はたしかにあるけど、菅野美穂がかわいいし、母親役の川島なお美や妹役の榎本加奈子のイジワルな顔つきは見応えがある。父親役の草刈正雄だって、超イケメンで正しくて優しいのに、どことなくダメな感じがあふれていて、なかなか味わい深いんだよ。

ミナ　泣ける場面はあるの?

ハルト　終わりらへんで、菅野美穂が涙ながらに「イグアナにだって、幸せになる権利はあるでしょう?」って言うんだ。そしたら母親役の川島なお美が「私は絶対に許さないから」って答える場面は、ある意味では泣けたよ。こんな終わりのほうに来て、まだそんなやりとりしてんのかって。

ミナ　恋愛描写はちゃんとときめく感じ？

ハルト　主人公が「私にはじぶんがイグアナに見えるの」って恋人役の岡田義徳に告白する場面がある。そしたら「文句あんのか？　おれはおまえの顔、好きなんだよ」って応える。かっこよかった。そのとき、菅野美穂の顔がイグアナだったら良かったんだけど、実際には全盛期の国民的美少女・菅野美穂が画面に映されるから、「そりゃこの顔ならどんな男だって好きだよ」と思って見てしまうかな。

ミナ　動画配信で見られるんだったら、私も見てみようかな。

ハルト　お母さんがイグアナの転生した姿だっていうのは、わりとマジな話として描かれていたのは、賛否両論あるかもね。原作だと、そういう夢物語を主人公が空想するという描写に留まっているから。

ミナ　そうなんだ。

ハルト　あとラストシーンで、主人公が幼い娘の名前を呼ぶんだけど、それが亡くなった母親の名前と同一なんだよ。それで「ジ・エンド」となる。

ミナ　外国人ならともかく、日本だと親の名前を子どもにつけるって、あまりないよね？　美しい話のような、恐怖物語のような……。

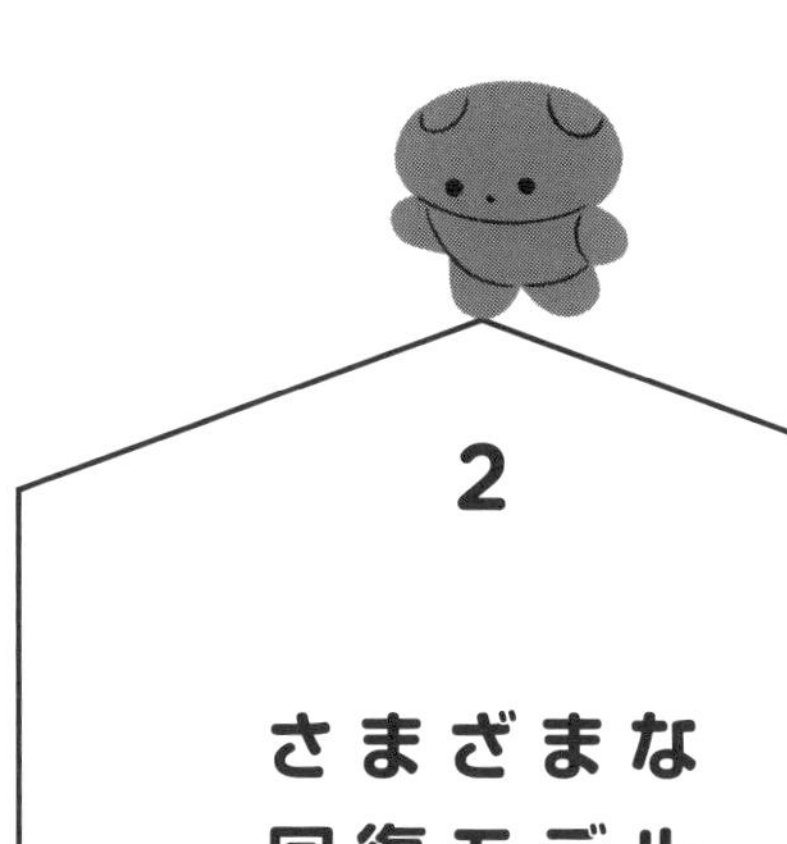

2

さまざまな
回復モデル

入口として　アヤカの物語

私の名前はアヤカ。二六歳。訪問介護のサポート会社で働いていて、おもに身体や精神に障害のある人の生活介助の仕事をやっている。一年近く前から付きあっている二歳年上のダイキくんという恋人がいる。そのまえにも付きあった人がいたけど、ダイキくんとはいろんなところで気が合うというか、話していてストレスがないので、とても良い人とめぐりあったと感じている。

初めて合コンで知りあったとき、ダイキくんは幹事を務めていた。さりげない仕方でリーダーシップを取りながらも、出しゃばりすぎることなく、控えめな物腰が印象的だった。冗談が好きなのに、けっして人を傷つけるような笑いを選ばない心配りもかっこよくて。連絡先を交換して、ふたりで会うようになって、三回目のデートのときにちゃんと付きあおうって約束して。それから恋人としてのステップを踏むことになったんだけど、体の関係を持つようになってからしばらくすると、彼が夜更けにひとりでしくしく泣いているのに気づくようになった。

私はびっくりして、「どうしたの。わけを教えて」って伝えると、最初はためらっていたんだけど、実家で暮らしていた時代の日々がとてもつらくて、ひとり暮らしを始めたあとに、なぜかしょっちゅう両親とのあいだにあったいろんな記憶で頭がいっぱいになり、そうすると泣くのが止まらないということだった。

最初の数回は黙って抱きしめてあげてたけど、それを続けるほど、ダイキくんの泣きじゃくりはひどくなっていくことに気づいた。きっと私に抱きしめられて、安心したからだと思う。それで私はダイキくんに、思いあたることがあるの、介護をしていてアダルトチルドレンという単語が話題になることがあって、調べてみたことがある、ダイキくんはきっとそれだと思う、私も勉強しようと思って公民館でやる連続講座に申しこんだから、一緒に参加しない？ って声をかけた。

連続講座に一緒に出ることになって、日曜の朝から何度も公民館に通って、ダイキくんの顔が明るくなっていったことで、ほんとうに安心した。じぶんの問題に整理の手がかりをつけることができて、それで気持ちが明るくなったって言っていた。

気持ちが明るくなったのは、私も同じだ。アダルトチルドレンの問題について、私はそのかんたんな知識を、初め生活介助の仕事をつうじて得たってダイキくんに伝えていた。

それはまったくの嘘というわけじゃない。でも、私がこの問題の当事者でないふうを装っていたのは、じつは嘘。私が小さい頃、母がとあるカルト宗教に入信して、父親もあとからその組織に加わった。ひとりっ子だった私も信者ということにされ、毎日何回もお祈りをしたり、教団が出している本を使って教義の勉強をしたりした。週末になると集会に連れていかれ、子どもにとっては危険な火を使った儀式を体験しなければいけなかった。

そんな生活が幼稚園の頃から高校時代の途中まで続いた。教団が社会的事件を起こして、父と母はようやく眼を覚まし、教団を抜けてしまった。信仰心なく、父と母に言われるままに宗教生活を送ってきた私にも救いが訪れた。あのとき、どれだけ世界がキラキラと輝いていたかは言葉にできない。父のことも母のことも愛しているから、私がどれだけ不満に思い、苦しんでいたかを伝えることができないまま現在に至っている。父や母の前で何事もなかったかのように装っているけど、気持ちが重たくなるときは多い。私たちの家は機能不全家族だったよって言いたくなる。この気持ちを誰にも話せないままで生きてきた。父や母にだけでなく、親友たちにも、過去の恋人たちにも、ダイキくんにも。

だから、私がアダルトチルドレンの問題を学ぼうと思った最初のきっかけは、福祉の労働者として知識を増やしたかったからじゃなくて、じぶん自身に語る力を与えたいと思ったから。

連続講座は第二期が告知されて、それにも私とダイキくんは申しこみ済みだ。どんな講義を聞くことができるか、とても気になる。

2-1

傷ついた子どもの回復

健康生成論と自己治療仮説

【講義】

ミドリ　こんにちは。今期の講師は私ミドリが担当させていただきます。よろしくお願いします。それではさっそく始めていきましょう。

まずは健康生成（サルトジェネシス）に関する理論を紹介します。これは、社会学者のアーロン・アントノフスキーが構築したものです。アントノフスキーは、強い首尾一貫感覚（センス・オブ・コヒーレンス、SOC）が健康生成の要だと考え、そこには柔軟性と開放性が宿ると論じました。引用します。「SOCの強い人は、ルールと戦略のバランス、蓄えられた情報と潜在的な情報のバランスを取ろうとする。そういう人には、新しい情報を意味づけられるという確信がある。また、そういう人は、世界を挑戦とみなすことやフィードバックを受けいれることに対して、ほとんど危険を感じていない」(アントノフスキー 2001: 33)。アダルトチルドレンに関しては、このような健康生成の仕組みがおおむね破綻しているということが指摘できるでしょう。

【質疑応答】

ダイキ　健康のバランスが崩れているという点では、前節の講義で聞いた依存症の問題を連想してしまいます。

ミドリ　はい、アダルトチルドレンは依存症に親和性が高いのですね。依存症への耽溺は、最近では「自己治療仮説」として説明されることが多くなりました。

ダイキ　自己治療?

ミドリ　つまり、依存症者は深刻なトラウマを癒すために、嗜癖行動に没頭していると考えられるようになったのです。

ダイキ　ああ、そうそう。だらしない人が依存症になるというわけではない、ということを教えてもらいました。

ミドリ　自己治療仮説を先導してきたエドワード・J・カンツィアンらは、嗜癖行動には、酒や薬物などの物質嗜癖だけでなく、セックス依存やギャンブル依存などの行動嗜癖も含まれると述べています（カンツィアンほか 2013: 131-132）。そうであれば、アダルトチルドレン的な生き方を支配する共依存も、同様だと言えるのではないでしょうか。

アヤカ　共依存は、アダルトチルドレンの「病理」そのものと論じられることが多いですが、当事者にとっては、回復に向けて悲しくもがいている状況と解釈できそうですね。

ミドリ　回復の試みとしての共依存、という考え方がもっと広まって良いと思います。

安全基地

【講義】

ミドリ　「愛着理論」を提唱したジョン・ボウルビィの弟子にあたるメアリー・エインスワースは、「安全基地」に関する考えを広めました。健康な幼児は近くに親がいて、すぐに応答してくれることがわかっている場合、安心して探索活動に耽ることができます。成長するにつれて探索活動の時間は増え、子どものうちにも半日や一日に達します。青年期になると探索活動は小旅行となり、数週間から数か月までの長期にわたるようになりますが、その場合でも安全基地は機能的に働き、その人の精神的健康を保つためにも役立つと説明されています（ボウルビィ 1993: 154-155）。

この安全基地が、アダルトチルドレンには損なわれているため、私たちは改めて安全基地を回復する必要があると言えるでしょう。

【質疑応答】

アヤカ　具体的に言うと、回復対象としての安全基地にはどのようなものがありますか。

ミドリ　新たに獲得できる安全基地には、恋愛や性愛のパートナーの場合もあれば、じぶんの能力を発揮できる職場やボランティア活動の現場の場合もあるでしょう。

アヤカ　ほんとうに信頼できる支援者の場合もあるはずですね。

ミドリ　その通りです。複雑性ＰＴＳＤを診断された小石川真実さんは、信頼できる医者に出会ったことで、回復に向かったことを報告しています。引用します。

「26歳から精神科にかかった私は37歳でやっと、親が私に加えてきた仕打ちは誤りだったという私の訴えに全面的に同意してくれる医師に出会い、急速に回復し始めた。『私にもほかの人たち同様、生きる資格がある』と思えたからだ。だから精神科の先生方には患者が気が済むまで訴えを聴き、どの患者にも『潰されて終わって堪るか』と思わせてあげてほしい。そして回復軌道に乗ったら患者の自己治療の良き伴走者になってほしい」（小石川 2023: 1165）。

小石川さんはここで「安全基地」という言葉を使っていませんが、実質的には主治医を安全基地として確保できた報告として理解できるでしょう。このような支援の場に出会うことで、私たちの回復は始まります。

内なる子ども

【講義】

ミドリ　チャールズ・L・ウィットフィールドは、アダルトチルドレン論の領域に「内なる子ども」（インナーチャイルド）に注目した回復モデルを導入した人物として特筆できます。彼が記した回復の過程を紹介しておきましょう。

（1）リアルなじぶんとしての内なる子どもを自覚して、そのようなじぶんであるようにと努める。

（2）持続的な身体的、情緒的、精神的な欲求を認め、安全な援助者たちによって満たすように努める。

（3）安全で支持的な人々の前で、これまでは放置してきた喪失やトラウマの痛みを認め、再体験して嘆く。

（4）私たちの中核課題を認め、この解消に取りくむ。

（ウィットフィールド 1997: 87）

お気づきかもしれませんが、この回復の過程にはスピリチュアルな要素が入ってきていますね。「内なる子ども」を意識するということは、みずからの内宇宙をめざすということですし、それに加えて、グリーフワーク（嘆きの実践）も重要視されています。他方で、最終的に取りくまれる「中核課題」は現実主義的なものです。ウィットフィールドによると、アダルトチルドレンの中核課題とは、「全か無か」という極端な思考とそれにもとづいた行動に距離を置くこと、人生はコントロールできないと思いなすこと、過剰な責任感を解除すること、じぶんの欲求を無視しないこと、他者の不適切な行為を我慢しないこと、見捨てられることへの恐れから解放されること、衝突を勇気をもって処理し、解決することと、じぶんの物語に耳を傾けることです（ウィットフィールド 1997: 100-111）。

【質疑応答】

ダイキ　いま教えていただいた「中核課題」は、まさにじぶんの問題だと感じました。

アヤカ　要するに、これらの課題を持つ人のことを「共依存的人間」と呼ぶことができそうですね。

ミドリ　アダルトチルドレンのための自助グループ〈ACA〉は、この「内なる子ども」に焦点を当てた回復モデルを取りこんでいます。『ビッグレッドブック』での整理によると、アダルトチルドレンは、じぶんが親の嗜癖を止められる、良くしてあげられる、そして最終的にはじぶんを愛してもらえると考えて、親の飲酒や薬物乱用の責任を取ったと説明されます。私たちは子どもだったのに、親の激しい感情やまずい行動の責任を取り、それが私たちを共依存的にしたというのです。親が非難したり侮辱したりするのに影響され、私たちは偽りの自己を作りだしてしまった。私たちの偽りの自己によって愛情、承認、賞賛を求めるものの、ひそかにじぶんはそれに値しないとも信じている。そうしているうちに、内なる子どもが心の内側に追いやられ、隠れてしまった。そのようにまとめられています（アダルトチルドレン・オブ・アルコホーリックス・ジャパン 2022: 7）。

ダイキ　〈ACA〉での回復モデルはどのようなものなんですか。

ミドリ　ウィットフィールドのモデルと同様です。インナーチャイルドと再びつながること。引用してみましょう。「私たちは、自分の中に隠し持つ傷つきやすい子どもを受け入れ、その子と再びつながることで粉々になった自己の破片を修復するようになり、自信と信頼を持ってこの世で交流できる健全な人間となる」（アダルトチルドレン・オブ・アルコホーリックス・ジャパン 2022: 101-102）。

アヤカ　もう少し、この回復の過程について知りたいと感じました。

ミドリ　それでは、この話を続けましょう。

12ステップ

【講義】

ミドリ　『ビッグレッドブック』によると、アダルトチルドレンには偽りの自己というものがあり、それはこの本に記された「ランドリーリスト」に表現されている人格だそうです（アダルトチルドレン・オブ・アルコホーリックス・ジャパン2022: 7）。ランドリーリストとは、「洗濯物リスト」ですね。私たちがアダルトチルドレンとして人格レベルに解消すべき問題を一覧にして紹介しているわけです。それは以下の一四個です。

（1）私たちは孤立し、人や権威者を恐れるようになった。
（2）私たちは承認を追い求め、その過程でアイデンティティを失った。
（3）私たちは怒っている人やいかなる個人的な批判にも怯える。
（4）私たちは病的な見捨てられ欲求を満たすために、自分がアルコホーリックになるかアルコホーリックと結婚するか、またはその両方か、あるいはワーカホリックのような強迫的な性格の人を探し当てたりする。
（5）私たちは被害者の視点で人生を生き、恋愛や友人関係においてその弱さで惹きつけられる。
（6）私たちは過剰な責任感を持っていて、自分よりも他人のことを気にかけるほうがたやすく、そうすることで自分自身の欠点などをよく見ないですむ。
（7）私たちは人に譲歩しないで自己主張しようとすると罪悪感を感じる。
（8）私たちは興奮することに嗜癖するようになった。

(9)私たちは愛と哀れみを取り違え、「哀れんだり」「救ってあげたり」できる人を「愛する」傾向がある。
(10)私たちはトラウマを負った子ども時代から自分の感情を「押し込めてきた」。そしてあまりにも痛いので、自分の感情を感じたり表現したりする能力を失った。(否認)
(11)私たちは自分自身を厳しく裁き、自己評価が非常に低い。
(12)私たちは見捨てられることを極度に恐れる依存的人格である。そして見捨てられる痛みを経験しないためには、どんなことをしてでも人間関係にしがみつこうとする。この見捨てられる痛みは、私たちにとって情緒的に関われない病んだ人たちと生活したことから受け取ったものである。
(13)アルコホーリズムは家族の病気である。私たちはパラアルコホーリックになり、たとえ自分は飲まなくてもその病気の特徴を受け継いでいる。
(14)パラアルコホーリックは自ら行動する人というよりも反応する人である。

【質疑応答】

ダイキ　「アルコホーリック」はアルコール依存症者ですよね。それは良いとして、「パラアルコホーリック」ってなんですか。

ミドリ　「パラ」には「側にいる」「擬似的な」などの意味があるので、アルコール依存症者に随伴する人、つまり共依存者のことだと理解して良いと思います。

アヤカ　これらの人格的な問題を解消するために、ＡＣＡはどういうことをしているんですか。

ミドリ　定期的にミーティングを開催し、参加者は近況、過去の体験、雑感などを口にしていきます。ミーティングでは「言いっぱなし、聞きっぱなし」というルールが採用されていて、だれかの発言に対して感想、意見、質問、批判などのいっさいの応答は認められていません。

アヤカ　独特な空間ですね。なんだか宗教的な感じなのかな。

ミドリ　臨床社会学の野口裕二さんは、依存症の自助グループ、とくに「12ステップ系」とか「アノニマス系」と呼ばれるもの――ＡＣＡもそこに含まれます――を念頭に置いて、その独特な語りの場を「限定のなさ」という点から解説しています。

ダイキ　ふむふむ。

ミドリ　相手から応答が来る状況では、私たちは意識して「突っ込まれないような」語り方をしてしまいますよね。相手を説得したり、好意的な評価を得ようとしたりで、語りが特殊になることもある。そこで依存症自助グループは通常の語りとは異なる「評価と査定のない空間」を用意しました。こうして、自由な語り、いまだ語られなかった物語を語りやすい空間が開かれました。ここに「言いっぱなし、聞きっぱなし」の意義があるというのです（野口 2002: 167-168）。

アヤカ　そういうことなんですね。

ミドリ　ミーティングに参加するうちに、信頼できる先達がいると判断したら、その人に「スポンサー」（支える側）になってもらい、じぶんは「スポンシー」（支えられる側）になることで、「12ステップ」から構成される回復の過程を歩むことになります。

ダイキ　スポンサーにスポンシーですか。「テレビ番組のスポンサー」というような表現はよく聞きますが、自助グループの世界でも使うんですね。

アヤカ　「スポンシー」という英語は初めて聞きました。

ミドリ　ペアになる言葉ですね。インタビュアーから聞き取り調査を受ける人はインタビュイーと言います。SNSでフォローしてくれる人はフォロワーですが、フォローする相手はフォロイーと言います。

ダイキ　へえ、そうなんだ。

ミドリ　この「12ステップ」の過程も、『ビッグレッドブック』から引用しておきましょう。

（1）私たちはアルコール依存症やその他の家族の機能不全の影響に対して無力であり、生きていくことがどうにもならなくなったことを認めた。
（2）自分を超えた大きな力が私たちを正気に戻してくれると信じるようになった。
（3）私たちの意志と人生を自分なりに理解する神の配慮にゆだねる決心をした。
（4）徹底して恐れずに自分自身の棚卸しをした。
（5）神に対し、自分に対し、そしてもう一人の人に対して、自分の過ちの正確な本質を認めた。
（6）こうした性格上の欠点全部を神に取り除いてもらう準備が完全にできた。
（7）私たちの短所を取り除いてくださいと謙虚に神に求めた。
（8）私たちが傷つけたすべての人のリストを作り、その人たち全員に埋め合わせをする気持ちになった。
（9）その人たちやほかの人を傷つけない限り、機会あるたびにその人たちに直接埋め合わせをした。
（10）自分自身の棚卸しを続け、間違った時は直ちにそれを認めた。
（11）祈りと黙想を通して自分なりに理解する神との意識的な触れ合いを深め、神の意志を知ることと、それを実践する力だけを求めた。

（12）これらのステップを経た結果、私たちは霊的に目覚め、このメッセージを今も苦しんでいる人たちに伝え私たちのすべてのことにこの原理を実行しようとした。

アヤカ　「神」や「祈りと黙想」とかの用語に驚きました。ほんとに宗教じゃないですか！

ミドリ　12ステップ系の自助グループは「神」（より抽象的に「ハイヤーパワー」と呼ばれることもある）を設定して、それに心身を委ねることによって回復していくというスピリチュアルな原理を実践しているんです。

ダイキ　驚いたなあ。

アヤカ　正直に言うと、自助グループに関わりたい気持ちが急速に冷めていきます。

ミドリ　宗教的なものに警戒心の強い現代の日本人は、怪しい新興宗教などへの導線かと不安に思ってしまうでしょうね。ですが、この「神」は上の引用で「自分なりに理解する神」と呼ばれていたように、どんな神でも良いとされてるんです。

アヤカ　どんな神でも？

ミドリ　キリスト教やユダヤ教の神だけでなく、イスラム教の神でも、仏教の仏でも、大宇宙の意志でも良いのです。

ダイキ　『ドラゴンボール』に登場する願いを叶えてくれる「神龍（シェンロン）」でも良いのですか。

ミドリ　それでも良いのです。
アヤカ　たとえばじぶんが勝手に創作した神でも良いのですか？　「イカスミパスタの神さま」とか。
ミドリ　それでも良いのです。本気で信じられれば、ですけど。
ダイキ／アヤカ　へぇえ。
ミドリ　それらに帰依することは、それらに「依存しなおす」ということです。そうやって、従来の共依存状態から脱出していこう、という作戦なのです。

コントロールの放棄と獲得、平安の祈り、認知行動療法の幸福

【講義】

ミドリ　ウィットフィールドは、アダルトチルドレンの中核課題のひとつを、人生がコントロールできないと考えていることにある、と論じていましたね。この課題が、ACAの回復モデルでは、もっとも中枢的な課題として理解されていると考えられます。神あるいはハイヤーパワーに心身を委ねることは、コントロールに対する願望の断念にほかならな

いからです。

　さて、コントロールの放棄が推奨されていることについて、腑に落ちない人もいるのではないでしょうか。たとえばですが、複雑性PTSDを提唱したジュディス・L・ハーマンは、回復の基本原則は被害者に力と自己統御（主体性）とを奪回することにあると論じているのです（ハーマン 1999: 248）。発達性トラウマ障害を提唱したベッセル・ヴァン・デア・コークも、トラウマからの回復のための課題は体と心（すなわち自己）の所有権を取りもどすことだと論じています（コーク 2016: 333）。

　ということは、ACAはコントロールの放棄を、ハーマンやコークはコントロールの回復を説いていることにならないでしょうか。その場合、どちらが正しいのでしょうか。

　私なりに考えるとすれば、ACAが放棄するように推奨しているコントロールとは、他者をコントロールすることへの欲望や、自己をコントロールしきれると考えたい過剰な自信なのです。それに対してハーマンやコークは、自己に対する穏当なコントロールの回復を説く。ですから、両陣営の主張は必ずしも対立していません。

　ACAは、依存症状態に陥っているアダルトチルドレンにとって、自己のコントロールがそんなにかんたんなことではないことを直視して、自己のコントロールを断念し、神ないしハイヤーパワーに帰依することを勧めます。まさにその帰依によって、神やハイヤーパワーが自己の心身を支配し、まっとうなコントロールを回復することができると考えるからです。したがって、不健全なコントロールを手放すことで、健全なコントロールを回復できると考えるのです。

【質疑応答】

アヤカ　今回配布してもらったハンドアウトに「平安の祈り」というものが載っていますね。これもコントロールの問題に関係がありそうですね。

ミドリ　12ステップ系の自助グループで、ミーティングの終了にあたって好んで唱えられるのが、「平安の祈り」です。神学者のラインホルド・ニーバーに由来するため、「ニーバーの祈り」とも呼ばれます。ご指摘のとおり、コントロールの適正な管理への開眼を勧める祈りですね。

ダイキ　この祈りは知ってるぞ！　カート・ヴォネガットの『スローターハウス5』っていう小説にも出てきた。たしか、主人公のビリー・ピルグリムが運営する眼科のオフィスに飾られていたやつだ。

ミドリ　はい。それでは読みあげてみましょう。

神よ願わくばわたしに
変えることのできない物事を
受けいれる落ち着きと
変えることのできる物事を
変える勇気と
その違いを常に見分ける知恵とを
さずけたまえ

（ヴォネガット 1978: 76-77）

アヤカ　「神よ」という呼びかけに、やはりなじめない思いがあるのは事実です。ですけれども、この祈りの基本的な発想には納得できる気がします。

ミドリ　この自己と他者とに対するコントロールの推奨という点で、ＡＣＡの考え方は、認知行動療法の源流としてのストア哲学にも重なっています。ドナルド・ロバートソンという臨床心理学者は怒り、恐怖、悲しみ、不健全な欲求、悪い習慣に対処し、幸福に達するためのストア哲学的な助言をつぎのようにまとめています（ロバートソン 2022: 268）。

（1）不健全な欲望や情念を初期の兆候から気づくこと。
（2）心象に対して、おまえは見せかけにすぎず、そのものではないと言って、認知的な距離感を確保すること。
（3）永遠に続くものなど存在しないし、あらゆる悩みも一過性で時とともに変化するとじぶんに思いださせること。
（4）出来事に応対するのは感情が落ちつくタイミングを待つこと。
（5）じぶんでどうにかできることとできないことを区別し、冷静かつ合理的に出来事に向きあうこと。

ダイキ　なるほど、やはりコントロールできるものとできないものを見極めて、できないものは手放すという発想があるわけですね。

ミドリ　このように、「神」や「ハイヤーパワー」を介在させない認知行動療法的思考法ならば、とっつきやすく感じる人は多そうですね。

早期不適応スキーマとインナーペアレンツ

【講義】

ミドリ　認知行動療法から派生した手法のひとつとして、ジェフリー・ヤングが開発したスキーマ療法が注目されています。

日本でスキーマ療法を広めてきた臨床心理士の伊藤絵美さんは、もともと認知行動療法は鬱病や不安症などの精神症状に対して構築されたこと、それをパーソナリティ症、とくにボーダーラインパーソナリティ症に拡大適用するなかで構築されたのがスキーマ療法だと説明しています（伊藤 2021: 52）。前期の講習で扱った内容に、ボーダーラインパーソナリティ症と複雑性ＰＴＳＤは診断的に重なりあう部分が大きいという情報があったはずです。あの事実を踏まえると、スキーマ療法が複雑性ＰＴＳＤの当事者にも有効な可能性が高いということになります。伊藤さんは、複雑性ＰＴＳＤの診断基準に採用されている感情調節障害、否定的な自己概念、対人関係上の問題は、ボーダーラインパーソナリティ症にも必ずといって良いほど見られるものだと指摘しています。それらの点では、ふたつの精神疾患は非常に近しいというわけですね。

それで、スキーマ療法による治療方法の概要を紹介しておきましょう（伊藤 2013: 21-57）。ヤングは私たちの認知を自動思考とスキーマに分類しているそうです。自動思考とは、私たちの頭に浮かんでは消えていく想念です。スキーマとは、その奥にある認知構造のことで、世界観、信念、価値観などを指しています。スキーマの奥には、生得的気質があり、幼少期の苦痛な経験との葛藤によって「早期不適応スキーマ」が形成されると考えます。この早期不適応スキーマを健全なものに変えることで、生きやすくなるわけです。

【質疑応答】

アヤカ　もっと具体的な方法を知りたいです。

ミドリ　スキーマ療法は全体像が大きいので、今回の講習ではとっつきやすいものをひとつだけ取りあげてみましょう（伊藤 2013: 97-103）。

ダイキ　お願いします。

ミドリ　ヤングは、いま当事者のもとで活性化されているスキーマとしての「スキーマモード」があると考えるそうです。たとえば、それは「弱々しい赤ちゃんモード」、「遮断・防衛モード」、「懲罰的ペアレントモード」のように多様な形で現れてきます。それで、それらのスキーマモードにじぶんなりの名前をつけることによって、そのモードにマインドフルに接することができるようになります。

アヤカ　マインドフルネスというものを聞いたことがあります。じぶんの想念を自覚的に追う瞑想法ですよね。そのマインドフルですか。

ミドリ　はい。かんたんに言えば、じぶんの想念に距離を置いて向きあうように心がけるということですね。

ダイキ　つまり、スキーマモードというのは……。

ミドリ　非機能的なモードに気づいた場合には「健全なおとなのモード」に登場してもらって、両方の対話を経ながら、落とし所を見つけていく。この際、一方的なお説教などになってはいけないのです。マインドフルな対話によって、「早期不適応スキーマ」を健全な形で解消していくんです。

アヤカ　この治療パッケージを用いて、アダルトチルドレンの問題を処理することもできるんですね。

ミドリ　実質的に「インナーチャイルド」が問題になるわけですから、そのように考えて良いと思います。「早期不適応スキーマ」は私たちの共依存的人格と「インナーチャイルド」とのあいだに発生している齟齬と同じものとして解釈できるはずです。

アヤカ　それを内的対話によって癒していくという考え方は、ウィットフィールドや

ＡＣＡの方針にも合致していますね。

ダイキ　なるほどなあ。

ミドリ　信田さよ子さんが提唱する「インナーペアレンツ」のことも紹介しておきましょう。

ダイキ　内なる子どもだけでなく、内なる親という概念もあるわけですね。

ミドリ　はい。信田さんは、アメリカでは親からの肉体的暴力や性的虐待がアダルトチルドレンの問題として顕著だけれども、日本では共依存的なものが主要な問題で、親が子どもに過干渉で支配するパターンが多いと指摘しています。

ダイキ　そうなんだ。

ミドリ　そのために日本での問題は、じぶんの「インナーペアレンツ」（内なる親）を「ちゃんとタンスに整理できるか」「少しずつ整理する、もしくは燃やしてしまう」ことができるか、ということになるというわけです（信田 1996: 137-138）。

アヤカ　つまり私たちの心のうちに住まう仮想上の「毒親」をターゲットにするわけですよね。

ミドリ　はい、そしてこの場合も結局は「想念」や「語り」をとおした回復が模索されるという点で、これまでに紹介してきた回復モデルと共通していることになります。

トラウマケアの観点から

環状島

【講義】

ミドリ　ここから問題になるのは「トラウマ」、つまり「心的外傷」です。まずは「環状島」を紹介しましょう（宮地 2021: 16-19, 151-152）。

精神科医の宮地尚子さんが、トラウマについての語りの現象を説明するモデルとして導入したのが「環状島」です。私としては、それを同じく精神科医の斎藤環さんがやや組みかえた見取り図へと再編しているもののほうがピンと来るため、先にそちらを説明します。

斎藤さんのイメージでは、トラウマの環状島とは、内部に内海を抱え込み、島の外は外海に接している島のことです。内海はトラウマの中心（ゼロ地点）から広がっていて、そのトラウマを生きのびられず、死んだ人などがいて、死者ばかりがいるために語りは発生しない。トラウマを生きのびた人は内海の波打ち際に辿りつき、内斜面を登り、尾根、つまり頂点部に進んでいきます。その過程が進行するぶんだけ語りは豊かになっていく。さらに尾根から外斜面に下り、外海の波打ち際に辿りつき、やがて外海に出ていくと、もはや被害者はトラウマについて語らなくなる。そのような時期を克服したからです。

【質疑応答】

ダイキ　なるほど、よくイメージができました。ですが、せっかくなので宮地さんが提唱した本来のモデルについても知りたいです。

ミドリ　斎藤さんのモデルは、トラウマのサバイバーの精神的変化を表現しているわけですね。ですが宮地さん自身は、トラウマ現象と人の距離をモデル化したものとして環状島を提唱したのです。トラウマの中心から尾根までにはサバイバーがいて、尾根から外斜面へは支援者が、そして外界には傍観者がいるというモデルになります。

アヤカ　それもそれで、わかりやすく感じます。

ミドリ　どちらのモデルにしても、サバイバーの「語り」の豊富さや、逆に貧困ぶりがトラウマの問題に直結していることを、よく伝えています。トラウマからの救済とは、この

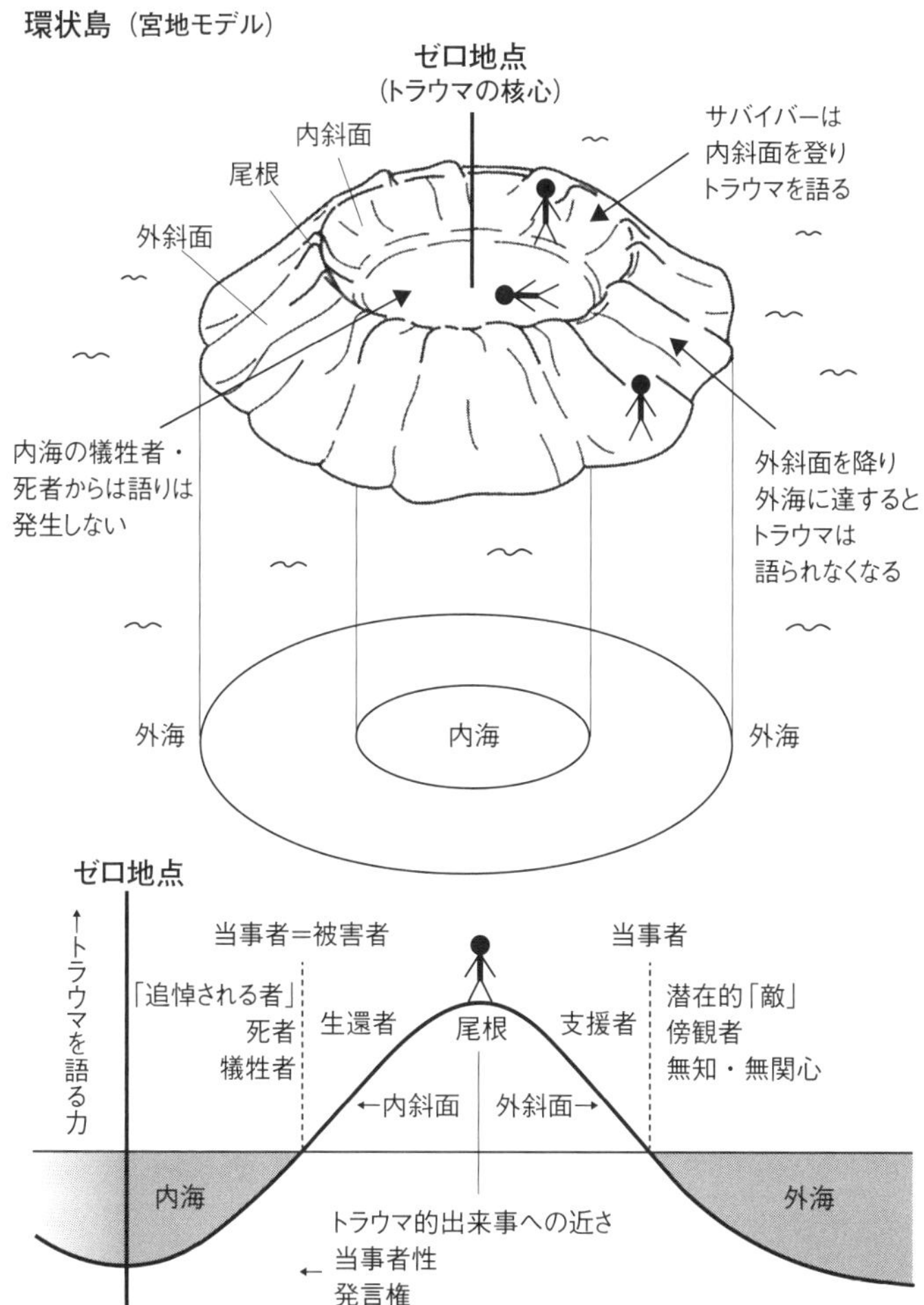

出典：宮地尚子『トラウマ』（岩波新書、44頁）から一部改変

語りに対する救済行為でもあるでしょう。アダルトチルドレンは、回復のためにじぶん自身の語りを救済しなければならないと私は考えています。

トラウマインフォームドケア

【講義】

ミドリ　ＰＴＳＤや複雑性ＰＴＳＤに限らず、多くの精神疾患にはトラウマが付随しているものです。そのことを知らずに治療にあたることは、当事者に二次加害を与えかねないということを意味していますよね。この問題意識から、トラウマインフォームドケアが生まれました。患者にトラウマがあることを前提として、それに対応しながらさまざまな精神疾患の治療を進めるという技法です。

トラウマインフォームドケアを提唱し、広めてきた中心的な組織はアメリカの福祉省薬物乱用精神保健サービス局（ＳＡＭＨＳＡ）です。この組織は、まず必要なのは「四つのＲ」だと指摘しています（亀岡 2022: 22）。

（1）トラウマの広範な影響とその回復に関する過程を理解していること（Realize）
（2）相談者本人、家族、支援者のトラウマに関する兆候や症状を認識すること（Recognize）
（3）トラウマについての充分な知識にもとづいて対応し、適切な方針や手段で応答すること（Respond）
（4）相談者が二次被害を受けないようにすること（Resist re-traumatization）。

トラウマを理解し、トラウマを認識し、トラウマに応答し、トラウマの二次被害を阻止するということです。さらにこの組織は、トラウマインフォームドケアを提供するための六つの基本原則を設定しています（亀岡 2022: 24）。

（1）安全　組織的な配慮によって、相談者と職員が身体的および心理的に安全であると感じていること。対応の一貫性があらかじめ期待できること。
（2）信頼性と透明性　透明性のある意思決定がなされ、信頼の構築と維持が目標とされていること。
（3）ピアサポート　相談者と共通する経験を持つ当事者たちが組織に組みこまれ、サービス提供に不可欠な存在と位置づけられていること。

（4）協働　相談者と組織の職員に力の不均衡がなく、サービス提供側と相談者が協働で意思決定できるように促されていること。

（5）エンパワメント　相談者や職員の強みを認識し、それを強化し、実証するレジリエンス（弾力的復元力）およびトラウマを癒す力を信じていること。

（6）謙虚さと対応性　人種、民族、性的指向、年齢、居住場所にもとづく偏見や固定観念、歴史的なトラウマを認識し、それに対応できること。

のちの講義で対話型自助グループについて説明しますが、自助グループは第一次的には先に挙げた（3）の「ピアサポート」に関わることになります。ですが、私は究極的には、自助グループは先の六つの基本原則のすべてを提供できると思うのです。優れた自助グループには安全、信頼性、透明性、協働、エンパワメント、謙虚さ、対応性が完備されているからです。

【質疑応答】

アヤカ　自助グループについてお聞きしたいのですが……。

ミドリ　すみません、先走って話題にしましたが、もう少し後に話題にしたほうが頭に入りやすいと思います。

アヤカ　そうなんですね。

ダイキ　トラウマインフォームドケアの発想は良いと思うのですが、トラウマを探りあてるだけでもたいへんそうですね。

ミドリ　心理学者の野坂祐子さんは、トラウマの井戸は語られないし、気づかれにくいからこそ、支援者は井戸があるかもしれないという前提で探して、「井戸の水を飲んだか」と尋ねるところから始める必要があると指摘しています。衛生処理された水と同様に、家庭という井戸に湧く水は、愛情や愛着、他者との関係性を担い、健全な人生に欠かせません。

ダイキ　毒入りの水は、子どもに恐怖とか、疑念とか、絶望とかをもたらしますね。

ミドリ　はい。毒になるトラウマの存在と影響を認識するトラウマインフォームドケアは、心身の安全や健康を守る公衆衛生のアプローチとして機能するのです（野坂 2019: 75-76）。

アヤカ　世の中にトラウマインフォームドケアが広まれば、アダルトチルドレンの私たちも、ずいぶん生きやすくなると思いました。

ミドリ　事故や災害に遭ったあと、まず大切なのはサイコロジカルファーストエイド（心理的応急措置）、つまり援助者が心理的な支援を提供して、被害者が回復できるように促す応急処置です。ですが、そのあとにはサイコロジカルコンティニュアスエイド（心理的継続措置）が必要になるでしょう。

アヤカ　それがトラウマインフォームドケアというわけですね。

物理的なトラウマ治療

【講義】

ミドリ　ここまで講義を聞いていて、みなさんはもしかすると、トラウマ治療が「言葉」や「対話」ばかりに焦点を当てていると思ったかもしれません。そうだとすれば、誤解を与えたことになります。実際には、基本的なトラウマ治療が物理的なものだということも見逃せません。

ＰＴＳＤに対するトラウマ治療の方法として、有名かつエビデンス（実証報告）が多いものとして、ＥＭＤＲがあります。これは「眼球運動による脱感作と再処理療法」の略語です。医者は患者にトラウマ記憶を思いださせ、眼球運動や指のタッピングなどの両側刺激を用いて感情を調整していきます。患者がその記憶に対して鈍感になり、否定的な反応を示すことなく思いだせるようになれば、一連のプロセスは完了します。このＥＭＤＲを複雑性ＰＴＳＤに適用する治療も多くなされているのです。

【質疑応答】

アヤカ　ＥＭＤＲはトラウマ治療に関する医学の本でよく見かける技法ですね。

ミドリ　はい。定評のある技法です。

ダイキ　ほかにも物理的なトラウマ処理の方法があるのでしょうか。

ミドリ　いろいろありますが、ひとつだけ紹介しておきましょう。精神科医の杉山登志郎さんは、複雑性ＰＴＳＤに対する手動の簡易なトラウマ処理として、つぎのようなものを提唱しています。胸郭呼吸をしながら腹、鎖骨下、高頸部を左右交互に叩く、手を頭部につけて左右交互に撫でおろし、それぞれ二〇回から三〇回ほど反復する（杉山 2019: 88-92）。

アヤカ　いずれにしても、要はボディタッチなんですね。

ミドリ　このようなボディタッチが、私たちのフラッシュバックに効果的に作用することは、多くのアダルトチルドレンが経験的に知っていることでもあります。プロの支援者の助けを借りられない状況でも、アダルトチルドレンはボディタッチによって、問題の解消をある程度まで進められると思います。

マインドフル・セルフコンパッション

【講義】

ミドリ　マインドフルネスについて、以前にも話題になりましたね。クリストファー・ガーマーとクリスティン・ネフは、マインドフルネスを「意図的に、今この瞬間に、判断することなく、一瞬一瞬の体験の流れに注意を払うことによって得られる気づき」と説明しています。その上で、そのようなマインドフルネスを確保しながら、他人をいたわるような仕方で、苦しんでいるじぶんをいたわる方法をマインドフル・セルフコンパッションと呼んでいます（ガーマー／ネフ 2022: 6-8）。

この技法によって、私たちは私たちの幸福感（ウェルビーイング）を高めることができ、人生の満足度を向上させられます。セルフコンパッションの高い人には自信が備わっていて、失敗しても改善しようという気持ちがあるものです。じぶんが必要と感じたら、じぶんの過ちを認める傾向が強く、積極的に健康的な行動を選びます。人生で困難な状況になっても対処できるだけの能力を持っています。それに配慮のある人間関係を維持しやすいという特徴もあります（ガーマー／ネフ 2022: 90）。

【質疑応答】

ダイキ　生き生きとあらゆる瞬間に心を動かしながら、他人にはもちろん、じぶんにも優しくすると。

アヤカ　つまりアダルトチルドレンは、そうしつづけることで、精神的にも社会的にも健康に近づくのですね。

ミドリ　その先にアダルトチルドレンの回復が待っているのでしょう。

STAIR／NST

【講義】

ミドリ　複雑性ＰＴＳＤに関して、主要な治療パッケージとして知られているのが、精神科医のメリレーヌ・クロアトルたちが開発したＳＴＡＩＲ／ＮＳＴです。これは「感情調整と対人スキルトレーニングおよびナラティブストーリーテリング」の略語です。全一六回のプログラムを週一回、毎回六〇分でやっていきます。やや長くなりますが、その全体を紹介しておく価値が高いと思います（丹羽 2021: 59-62, 金／大滝 2015: 110-121）。

まずは、四つのセッションから構成されているSTAIR段階前半についてです。「感情調整」のための心理教育によって、感情への気づきと感情調整スキルの拡充が課題になります。特定の状況での身体反応、思考、行動をモニターし、その際に発生するさまざまな感情を区別し、その場でどのように対処すれば良いのかを話しあって、感情調整スキルを拡充させ、日常生活の機能を改善していきます。

具体的には、第1セッションで、患者の症状や生活状況に理解を示し、治療計画を提案します。集中呼吸法の練習を始め、毎日自宅で練習することを宿題にします。

続く第2セッションで、専用の様式などを用いて患者がじぶんの感情、その起源、感情に関連する思考や行動を認識し、名称をつける力を養うとともに、幼少期の虐待が感情の調整に与える影響について心理教育を施します。

第3セッションでは、身体、認知、行動の三つの領域からの感情調整の技法について確認し、前向きな感情を取りいれられるように促します。

第4セッションでは、目標を確認した上で、つらい感情に耐えたり受けいれたりすることが、その目標の達成に役立っているのかどうかについて話しあいます。

そのあと、同じく四つのセッションから成るＳＴＡＩＲ段階後半に入ります。ここでは「対人スキルトレーニング」のために、対人関係に関するスキーマ（基本的観念）を同定し、じぶんも相手も尊重するというアサーティブネスを重視しながら、ロールプレイをつうじてスキーマを修正していきます。

まず第５セッションで、養育者との関係性によって幼少期に形成され、また虐待によって歪んできた人間関係スキーマを、ワークシートを用いて確認していきます。

続く第６セッションで、ロールプレイ（役割の演技）やモデリング（模範の提示）によって新しく、より柔軟性のあるスキーマを構築し、実際の対人関係のなかでの新しいアプローチを練習するように促します。

第７セッションでは、対人関係での自己主張やアサーティブでいることについて心理教育をおこない、ロールプレイや宿題によって患者がそのための基本的なスキルを習得する手助けをします。

第８セッションでは、なぜ対人関係で柔軟性が重要なのか話しあい、頑固になっている部分を解消しつつ、ロールプレイによってバランスを得るためのスキルを習得していきます。

最後に、八つのセッションから成るNST段階が始まります。ここでは、「ナラティブストーリーテリング」のために、記憶階層表を作成して、現在に影響を与えているバラバラ状態の複数の記憶を組みたて、物語として整理し、過去・現在・未来という構造を持ったじぶんの人生の歴史へと統合していきます。

まず第9セッションで今後のプロセスを説明します。曝露（エクスポージャー）をつうじて、記憶の馴化を起こし、圧倒されるような不安なしにトラウマを想起することができるようになりうると患者に理解してもらい、じぶんが記憶を所有しているのであって、記憶がじぶんを所有しているのではないことを確認していきます。トラウマ記憶の順序づけと階層化を進めることと、感情調整をしながら患者がトラウマに圧倒されない状態で記憶に触れていくことを教えます。

続く第10セッションで、完成した記憶の段階表と録音用のレコーダーを用意し、まずニュートラルな記憶を語ることから始めて、それからトラウマ記憶の語りを試みます。

第11セッションから第15セッションは、第10セッションと同じ構造を持っています。トラウマ記憶について語り、蘇ってきた感情の振りかえりや、物語に刻みこまれたスキーマの確認、トラウマ的過去のスキーマと患者の現在の人間関係を比較し、分析していきます。患者は一連の作業を繰りかえし、ひとつの記憶からつぎの記憶へと進んでいきます。

最後の第16セッションでは、患者の治療への取りくみの全体と改善内容をまとめ、今後の計画、再発のリスクと対処法を認識します。患者の治療中の達成を賞賛し、患者の勇気と強さに感謝を伝えます。

【質疑応答】

アヤカ　全体で16時間もかかるんですね。

ダイキ　第10セッションから第15セッションは毎回類似した作業になるわけですね。この部分がもっとも重要なトラウマ処理の作業なんでしょうね。

ミドリ　そう言えそうですね。16セッションのうち、最初の8セッションにあたるSTAIRの部分はDBT、つまり「ボーダーラインパーソナリティ症のための弁証法的行動療法」に、NSTの部分はPE、つまり「持続エクスポージャー療法」に、理論的にも技法的にも多くを負っています。

ダイキ　ふむふむ。

アヤカ　どちらも聞いたことはありませんけど、そうなんですね。

ミドリ　このようにSTAIR／NSTはかなり完備的なパッケージなのですが、基本的には相談者がじぶんのトラウマを安全に処理できるように配慮してもらいつつ、記憶の全体を統合的に語れるように促される療法として要約することができると思います。トラウマのサバイバーは多くの場合、アレキシサイミア（失感情状態）に陥っていますから、エモーショナル・リテラシー、つまりじぶんや他者の感情を適切に読むことが難しいのです。

アヤカ　つまり、アダルトチルドレンは言葉を失った人々だということですね。そして、その言葉を回復させる療法が、STAIR／NSTという形でまとまって提供されていると言えそうですね。

ミドリ　はい。基本的な発想は、いわゆる「ナラティブセラピー」（物語療法）に通底するでしょう。

ダイキ　それはどういうものですか。

ミドリ　ナラティブセラピーでは、私たちはふだんそれぞれの「ドミナント・ストーリー」（支配的な物語）を生きていると考えます。しかし角度を変えて見れば、ドミナント・ストーリーをはみだすような「生きられた経験」がさまざまに点在しているはずです。それらを結びなおすことで、私たちの人生の記憶は改訂された「オルタナティブ・ストーリー」としての姿を見せるようになります（野口 2002: 80-82）。

ダイキ　その物語を発見し、じぶんのものにすることが、アダルトチルドレンにとっての回復というわけですね。

心的外傷後成長と多次元的回復

【講義】

ミドリ　依存症の治療の現場、あるいは自助グループでは、回復とはゴールではなくてプロセスだとよく語られるんです。依存症にははっきり完治したと言える段階がなく、ふとした瞬間にスリップ（再飲酒や再服薬）してしまい、依存症状態にふたたび陥ってしまいます。共依存的状態を罹患したアダルトチルドレンの回復も、ゴールではなくプロセス自体だと考えて良いでしょう。

ですが、それでも回復を重ねていくなかで、現在のじぶんがかつてのじぶんよりも上向いた状態にあると感じる時期も出てくると思うのです。それはトラウマ治療の領域で言われる「心的外傷後成長」（ＰＴＧ）として理解することができるはずです。訓練を経て体の傷が肉体のレジリエンスによる「超回復」を起こし、かつてより強靭な肉体を獲得できるように、心の傷（心的外傷後）も超回復を起こして心的外傷後成長を実現するわけです。

【質疑応答】

ダイキ　心的外傷後成長って、字面(じづら)が勇気を分けてくれる感じではあるんだけど、なかなかイメージが湧かないなあ。

アヤカ　具体的にここがこうなったら心的外傷後成長だ、というような指標はないんでしょうか。

ミドリ　トラウマからの心が回復するにあたって、心理学者のメアリー・ハーヴェイが説明した多次元的現象が、おおむねそれに当たるものだと思います。その全体のプロセスを紹介しておきましょう（Harvey 1996: 11-13）。

（1）異常になった記憶と意識を安定させ、かつてじぶんに侵入した記憶を思いだすかどうかを選択できるようになって、じぶんの人生の物語を全体として見なおせること。

（2）強烈なトラウマによって記憶と情動が分離し、さまざまな記憶を空疎に感じ、なんの情動も発生しなくなっているため、この分離を解消し、記憶と情動を統合できること。

（3）過度な警戒心や危険な衝動から解放されて、トラウマ的な記憶によって感情が圧倒されないようになること。

（4）持続的なトラウマ関連症状が軽減され、管理しやすくなって、フラッシュバックのトリガーが引かれにくくなったり、過覚醒がやわらげられたりすること。
（5）壊滅した自尊心が取りもどされ、罪悪感、恥、自責の念が手放されて、円満な自己像が形成されること。
（6）孤立への誘惑が消え、他者との親密なつながりを楽観的に構築し、身体的および感情的に安全な人間関係を維持できること。
（7）トラウマのサバイバーとしてのじぶん、そしてトラウマ的な出来事が起こり、再発する可能性もある世界に新しい意味を与えられるようになって、創造行為や社会活動に使命を見いだせること。

ダイキ　つまり、このような具合でトラウマから脱けだしていくことも、やはりアダルトチルドレンとしての回復と言えるわけですね。

ミドリ　そのように考えることができると思います。

2-3 対話型自助グループのすすめ

自助グループの機能

【講義】

ミドリ　悩みを抱えている人にとって、まず直面する問題は、相談できる場をなかなか見つけられないということではないでしょうか。この悩みを一挙に解決してくれるのが、自助グループです。

「支援者に相談しても話が通じなかったら、どうしようか？」――そのように悩んでいる人は多いはず。実際にプロの支援者に相談しても、あまりちゃんと理解してもらえなかったという経験を持つ人はとても多くいます。自助グループでは、参加してくる人たちが共通した、あるいは類似した悩みを抱えているため、おもしろいくらい意思疎通に困らないのです。

「プロの支援者でもない人たちに相談するのが怖い」——そのように悩む人もいるでしょう。ですが自助グループでは、応答に関するグラウンドルールが敷かれ、暴言などが阻止される仕組みができていることがほとんどです。残念ながら、すべての自助グループが絶対に安全だと保証できるわけではありません。グループを新たに作るのに資格制度などがあるわけではありませんから。ですが、しっかりしたグラウンドルールを備えた自助グループは、プロの支援者に比べても遜色ないような対話空間を備えているものです。むしろ、プロの支援者でも職業倫理が低く、暴言を吐いてしまう人はいるものです。

ある自助グループに参加して、「いまいちだったな」と感じたら、ぜひ複数の自助グループを渡りあるいてみてください。どこかのグループが、あなたにとってぴったりの場所になるでしょう。もしそのような場所が見つからなかったら、じぶんで作ってしまえば良いのです。地域の公民館から部屋を借りて開催することも、オンライン会議用アプリを使って開催することもできます。集客はＳＮＳやイベント告知サイトを利用すれば、かんたんにできますよ。

自助グループの効能のひとつとして、心理学者のフランク・リースマンは、「援助者セラピー原則」を指摘しました。援助者は他者に援助を提供することによって、じぶんを助ける技術を誰よりも堅牢に形成することができる、そして利他によって自尊心を育むことができるという理論です（Riessman 1965: 27-32）。自助グループで利他に励むことは、結局は最大のリターンをじぶんで獲得することを意味しています。

専門家を欠いた集まりとして組織される自助グループに関して、「うさんくさい」と感じる人が多くいることは確かです。これに関して、社会学者のトマシーナ・ボークマンは当事者の「体験的知識」（経験知）は医療や福祉の専門家による「専門的知識」（専門知）に匹敵するという図式を提示しました。ボークマンによると体験的知識は、（1）理論的または科学的ではなく実践的なこと、（2）知識の長期的な発展や体系的な蓄積ではなく、「いま・ここ」での行動を重視すること、（3）細分化されておらず、全体的かつ包括的なことに特徴があります（Borkman 1976: 449）。当事者は体験的知識の所有者として、「経験専門家」と呼びうる存在ということになりますし、その立場に立って自助グループで自信を持って語ることができるわけですね。

【質疑応答】

ダイキ　ハンドアウトに書いてある文章が気になります。

ミドリ　はい。それは臨床心理士の高松里さんの本からの抜粋です。高松さんは、自助グループが有する基本的メッセージは、（1）あなたはひとりではない、（2）あなたはあなたのままでいい、（3）あなたには力がある、だと述べています。それから自助グループの機能は、（4）人とのつながりを復活させ、（5）離断したライフストーリーをつなぎ、（6）感情を回復させることだと要約しています（高松 2021: 43-47）。

ダイキ　傷ついた当事者をエンパワメントする空間が自助グループなんですね。

アヤカ　自助グループがどうやって私たちの精神を発展させてくれるのか、そのプロセスが気になります。

ミドリ　心理学者のレオン・H・レヴィは、自助グループが参加者の認知にどのように影響を与え、どのように彼らの活動を支援するかについて、七段階のプロセスで説明しています。

（1）参加者にじぶんたちの問題や苦悩にはしかるべき理由があると認めさせ、それに対処するグループの方法を提供することによって、じぶんたちの経験に対する参加者の困惑を取りのぞき、変化や援助に対する期待を高めること。

（2）規範となる有益な情報と助言を提供すること。

（3）参加者の問題や状況、問題に対処するために参加者がとる行動について、オルタナティヴな認識の領域を拡大すること。

（4）生活上の刺激や偶然の出来事に関する参加者の識別能力を向上させること。

（5）参加者自身、参加者の行動、参加者の社会に対する態度の変化を支援すること。

（6）社会のさまざまな人と比較したり、同意の上で検証したりすることをつうじて、参加者が感じている孤立感やじぶんだけが普通ではないという感覚を軽減または排除すること。

（7）参加者がじぶんの個人的アイデンティティを新しく定義し、自尊心に基礎を置いた新しい規範を展開できるような、オルタナティヴな文化および社会構造を開発していくこと。

(Levy 1976: 318-320)

アヤカ　なるほど、自助グループは参加者を回復させるだけでなくて、参加者をとおして社会改革の原動力にもなるというわけですね。

ミドリ　自助グループと社会の関係は論じられにくい傾向がありますが、実際にはそのような機能を持っているわけです。

持続的幸福のために

【講義】

ミドリ　「幸福学」の具体的分野のひとつと言える「ポジティブ心理学」の創始者として知られるマーティン・セリグマンは、人間にとって最大級の課題とは個人による「持続的幸福」（フラーリッシング）の実現だと考えました、セリグマンによると持続的幸福は、ポジティブ感情、エンゲージメント（没頭感）、興味関心、意味・意義、目的という六つの基本的特徴をすべて備えることで発生するそうです。さらに自尊心、楽観性、レジリエンス、活力、自己決定感、ポジティブな関係性という六つの付加的特徴のうち、三つ以上を備えていなくてはいけないとも論じます（セリグマン 2014: 53-54）。

セリグマンにとっては考察の埒外にある問題のようですが、「持続的幸福」という抽象的概念は、幸福感をもたらす脳内物質について検討することで、具体化できると私は考えています。精神科医の樺沢紫苑さんによると、人間の脳内物質のうち、幸福に関わるもっとも重要な三つがセロトニン、オキシトシン、ドーパミンだそうです。セロトニンは爽やか、安らかといった穏やかな幸福感をもたらします。オキシトシンは人やペットなどとのつながりや愛情、赤ちゃんを抱っこしているときの愛に包まれた、やはり穏やかな幸福感をもたらします。ドーパミンは、心臓がドキドキするような高揚をともなう強烈な幸福感をもたらします。

【質疑応答】

アヤカ　その三つの脳内物質で、「とくにこれが重要」とか、そういう優先順位はないんでしょうか。

ミドリ　樺沢さんの考えでは、心と体の健康に関わるセロトニン的幸福がもっとも大事なもので、これが幸福感の基礎にあるそうです。その上に積みあげられるべきなのが、つながりや愛に関わるオキシトシン的幸福です。そして最後に成功や金銭に関わるドーパミン的幸福が積みあがると、バランスの良い幸福感が実現するということになります（樺沢 2021: 20-33）。

アヤカ　話の流れから推測すると、その脳内物質に依拠した幸福感が「持続的幸福」につながる、そして自助グループもそれに関係しているということなんですよね？

ミドリ　そうです。三つの脳内物質に由来する幸福感を自助グループは提供します。外出して陽光を浴び、会場に行くことで、健康に関わるセロトニン的幸福が生まれます。集まってきた参加者、つまり「自助会仲間」との交流によって、健全な対人関係が発生し、それが日常生活にもポジティブな影響を与えることで、オキシトシン的幸福が生まれます。自助会で回復を進め、それを日常生活でも実感し、成功を収めることで、ドーパミン的幸福が生まれます。

アヤカ　つまり自助グループは、健康の回復、人間関係の回復、自己統御能力の回復を約束する場でもあるということでしょうか。

ミドリ　はい、三つの脳内物質に対応した幸福感が、「三つの回復」によって得られると考えます。

対話型自助グループの挑戦

【講義】

ミドリ　一般的に「自助グループ」と言うと、12ステップ系の自助グループを指すことが多いのです。自助グループの歴史は、12ステップ系の元祖アルコホーリック・アノニマスから始まりました。「匿名のアルコール依存症者たち」くらいの意味あいの名前ですね。

略称は「ＡＡ」です。ですが現代では自助グループのあり方は多様化していて、12ステップ系のような「言いっぱなし、聞きっぱなし」ではない自助グループも増えています。いわゆる「対話実践」を展開する自助グループですね。それらを私は「対話型自助グループ」と呼んでいます。

「対話型自助グループ」のメリットはいろいろとあります。12ステップ系が「教義」の中心に置く「神」や「ハイヤーパワー」にどうしてもなじめない人は、無神論の風潮が強い日本ではたくさんいるはずです。アダルトチルドレンのうち、宗教2世型の場合だと、既存の宗教全般に強烈な忌避感があることが多く、その場合、「神」や「ハイヤーパワー」が表立って語られる空間は単純に侵襲的想起（フラッシュバック）のトリガーだらけということになります。そうすると語りを共有しあう「分かちあい」の時間は精神的暴力が荒れ狂う場所となります。

それに12ステップ系が提唱する思想、つまりじぶんの「無力」を受けいれ、コントロールを手放すようにという考え方は、男性の依存症者を中心に構築されたものであって、女性のようにしばしば日常的に無力化されてきた当事者には不適切だという指摘もあります（大嶋 2019: 53-54）。

他方で対話型自助グループの弱点と言えば、12ステップ系のような歴史とそれに依拠したノウハウの蓄積がないことです。しかし、だからこそ対話型自助グループの眼前にはブルーオーシャンが広がっているとも言えます。つまり、これまでになかった新しい試みを続々と開発していく余地が残されているのです。依存症の治療にしろ、複雑性ＰＴＳＤの治療にせよ、精神医学的知見は日進月歩で拡充されていくのですから、その動向を汲んだ新しい自助グループの構築には、潑剌（はつらつ）とした希望があふれています。

私が何人かの仲間と一緒に主宰している自助グループでは、当事者研究とオープンダイアローグ的対話実践を導入しています。当事者研究とは、ある問題の当事者がじぶん自身の「苦労」の仕組みを当事者仲間と共同研究し、生きづらさをやわらげていくという取りくみです。オープンダイアローグとは、精神疾患の患者が近況や記憶について語り、それを聞いた家族、パートナー、友人、知人などが当事者の前で意見交換して、参加者全員で「共進化」を遂げていくという精神療法です。

【質疑応答】

ダイキ　対話型の自助グループでやることは、以前話題になったＳＴＡＩＲ／ＮＳＴに似ていますか。

ミドリ　ＳＴＡＩＲ／ＮＳＴは支援者がクライエントを導きながらトラウマ処理を進める

ものです。当事者研究とオープンダイアローグも対話をつうじて、当事者によるトラウマ体験への馴化を促すことができます。断片化した記憶を統合した語りを形成することで、人生の物語に対する展望を与えていくことができるのです。

ダイキ　ということは、当事者研究もオープンダイアローグ的対話実践も、ナラティブセラピーのように、「自助会仲間」との共同作業によって、当事者のドミナント・ストーリーを覆し、オルタナティブ・ストーリーを形成する現場となるわけですね。

ミドリ　そのとおりです。対話型自助グループは、新しい人間と新しい世界を生みだす工房になる、と言えるでしょう。

アヤカ　でも自助グループは、基本的にアマチュアの集団ですよね。グラウンドルールが必要という話でしたが、対話の際に指針となる一般的な原則はありますか。

ミドリ　NVC（非暴力コミュニケーション）の考え方は参考になると思います。言葉を交わしあいながら、いまこの瞬間に私たちの内面で何が息づいているか、人生をよりすばらしいものにするために私たちは何ができるのかを考えつづけるというものです（ローゼンバーグ 2021: 49-51）。

創作的なメタメソッドの場

【講義】

ミドリ　さて、当事者研究やオープンダイアローグ的対話実践の場で、アダルトチルドレンは何を話せば良いのか、という問題がありますよね。私が勧めたいのは以下のふたつです。

(1) 相談者の悩みについての具体的な意見交換
(2) この連続講義シリーズで学んだことについて

(1) については自明のはずです。相談者が話題にした悩みごとや困りごとに関して、参加者みんなで見解を交わしあうのです。場合によっては、ほかの参加者がじぶんの体験を参考事例として口にする場面も出てくるでしょう。

(2) のほうは意外に思ったかもしれませんね。前期と今期の連続講習には、アダルトチルドレンに関する基本的な知識や回復モデルの解説がたくさん詰まっています。これらの内容を共有し、意見を交わすだけでも、それぞれの参加者の内部で回復へのヒントがうごめき、新しい認識が深まっていくと思うのです。

そうやって話していると、アダルトチルドレンとしてのライフハックに関するメソッドが多数話題になるはずです。そんな新しいメソッドを産出する場、つまりメタメソッドの時空間が、対話によって分有されるのです。

このメタメソッドの場は、創作の場に似たものです。哲学者の郡司ペギオ幸夫さんは、社会学者の宮台真司さんとの対談で、「意味を剥奪されたトラウマ、弱いとはいえトラウマが有している忸怩たる感覚や、違和感、恐怖感につながる負の感覚が脱色されていると、なんだかよくわからないけど、何かを呼び込もうとする装置になる気がします」と語ったことがあります（郡司／宮台 2020）。トラウマを馴化する過程で、新しいオルタナティブ・ストーリーがせりだしてくるという形で、未知の世界観が私たちを包みこむのです。

【質疑応答】

アヤカ　今回の講義を聞いていて、本で読んだ「サイコドラマ」のことを連想しました。

ミドリ　よく知っていますね。たしかに「サイコドラマ」に似ている部分もありますね。

ダイキ　サイコドラマって、どういうものなんでしょう？

ミドリ　サイコドラマでは、まず監督役の支援者がリードしながら演劇的なセッションを進めます。クライエントを主役として、インタビューを介してトラウマにかかわるエピソードを明らかにします。その上で再現ドラマを実施するのですが、主役を一貫して見守る「ボディ・ダブル」（替え玉）の役を設定し、主役を孤独にさせないようにします。さらに主役に対する負荷を軽減するために、「もうひとりの私」の役も設定して、主役のトラウマ体験を演じてもらい、主役がそれを眺めるという「ミラーテクニック」（鏡の技法）も導入します。

アヤカ　ミラーテクニックは、問題の場面に現在の視点から介入する役割ですね。

ミドリ　はい。そうやって過去の歴史を修正し、傷ついた自己を救済するのです。

ダイキ　かなり深刻なロールプレイになりますか。

ミドリ　修正場面には遊び心を持ちこむことが必要です。悲しみに満ちた痛々しいトラウマ記憶を、笑顔とユーモアによって書きかえるのです。

ダイキ　なるほど。

ミドリ　ドラマのあとには、演者たちが振りかえりによってクールダウンし、ドラマの内容を現実のじぶんに統合していきます。配役を解除して、ねぎらいの言葉を掛けあうことで、負荷を削減します。最後に全体のメンバーでシェアリングをすることによって、さらなる統合を進めます（高良 2013: 158-162）。

アヤカ　対話型自助グループでは、そのサイコドラマと似たような語りの空間が、即興劇のようにして立ちあがるわけですよね。

ミドリ　ええ。それは言語で構成されたインスタレーション（展示空間の全体で表現する芸術）にも似ているわけです。

ダイキ　ふうむ。

ミドリ　それはまた、民間伝承の語りの場にも似ているような気がします。民間伝承の語り手が、怪奇な話を語り、場の雰囲気を席巻するのに似て、自助グループの相談者はトラウマ体験について語り、参加者たちの精神を巻きこむからです。

アヤカ　結果として対話型自助グループは、芸術療法的な意味合いを持った空間として、当事者たちに活力を授けてくれるのですね。

出口として　アヤカの物語

連続講座の第二期もついに終わり。きょうはそれを記念して、ダイキくんと講習のあと買い物に出かけて、新しい冬服をいくつか選んだ。悩んだ末に、前から欲しかったクリーム色のかわいいコートも買ってしまった。ダイキくんはセンスの良いネイビーのジャケットを選んでいた。つぎのデートのときには、ふたりともきょう買った服をコーディネートして、出かけることになると思う。

講義から学んだことは本当にある。健康生成（サルトジェネシス）という単語は初めて知ったけれど、字面だけでも元気が出てきそうな言葉。自己治療仮説のことは、大学時代に授業で聞いたことがあって、そのときにもとても納得したことを覚えている。安全基地の話は、いまは私にとってはダイキくんが、ダイキくんにとっては私が安全基地なんだなって思いながら聞いた。「内なる子ども」とか「内なる親」は、言われてみるとじぶんのなかにもやっぱり存在しているなと思う。12ステップは、スピリチュアルでピンとこないところがあったけれど、ダイキくんはそういうのが意外と好きみたいで、とてもおもしろがっていた。そんな私だけど、「平安の祈り」は好きだなと思った。「神よ」と呼びかけるところは、やっぱりしっくりこないけれども。スキーマ療法は難しい印象だったけど、興味が湧いたので、もっと調べてみたい。

トラウマは環状島だという説明は、最初はパッとわからなかったけど、頭のなかでイメージを整理していると、なんとなく想像がつくようになった。トラウマインフォームドケアは、私もほんとうに広まってほしいと思う。EMDRは私も受けてみたいから、施術してもらえるクリニックを調べてみようかな。マインドフル・セルフコンパッションの考え方、とても良いと思った。友だちに対して優しくするように、じぶんにも優しくということ。STAIR/NSTは一〇回以上にわたる大がかりな治療というイメージで、たいへんそうだけど、そのくらいじっくりやらないとトラウマは解消されないということだよね。心的外傷後成長の考え方には、単純に勇気をもらえる。

いちばん良かったのは、自助グループについて紹介があったこと。この連続講習のあと、ダイキくんと私はどうすればいいんだろうって、漠然と不安だったから。自助グループが持続的幸福を与えるという考え方を聞いて、興味が高まった。よく言われる話なのかなってインターネットで検索したけど、それらしい情報は出てこなかった。今回の講習の講師がオリジナルな見解を示してたのね。自助グループには対話型のものとそうでないものがあるという区別には、まったく知識がなかったので「へぇ」って思った。せっかくだからどっちの種類のも出てみたい。講師の先生が勧めていたように、自助グループではこの講習で学んだことを話してみるつもりだ。

さっそくダイキくんも私もアダルトチルドレンのための自助グループを探してみた。インターネットの検索サイトとか、SNSの検索機能を使って調べていくと、私たちの住んでいる街にもいくつかのグループがあるし、オンラインでもそれらしいグループがいくつも見つかった。場所も曜日も時間帯もいろいろだから、どれかには都合を合わせられると思う。ダイキくんと一緒に出ようと思うけど、もしかしたら時にはひとりで出るべきかもしれない。きっとダイキくんがいると話しにくいこともあるだろうから。

そう思いつつダイキくんにそれとなく意見を尋ねてみると、「あの講習会で講師を務めていた人たちの自助グループに、まず参加してみたい」とのことだった。なるほど、盲点だったけど、そういう可能性もあるよね。となると、まずはマリコ先生やミドリ先生のグループをあの公民館で調べてみなくてはならない。そして、それはかんたんに見つけることができた。「ドラゴンフルーツ～AC友の会」という名前の自助グループ。公民館で連絡先を教えてもらって電話をかけると、リョウという名前の人が応対してくれた。男性なのか女性なのかはっきりしない不思議な印象の声だった。ダイキくんとふたりで、この自助グループにしばらく通ってみようと思う。

とりあえず、これからの休日は自助グループに少し時間を割くことになりそうだ。不安がないわけじゃないけど、新しいことを始めるのだから、ワクワクするような気持ちもある。

COLUMN

『ブラック・スワン』 ダーレン・アロノフスキー監督

ソウマ 今回はダーレン・アロノフスキー監督の『ブラック・スワン』で行きましょう。二〇一〇年の作品。アロノフスキー監督は『レスラー』(二〇〇八年)でヴェネツィア映画祭の金獅子賞(最高賞)を受賞した人ですね。

ヒナコ 主演はナタリー・ポートマン。リュック・ベッソン監督の『レオン』(一九九四年)で、一二歳の少女マチルダを演じていた女優。すっかり成長していて、見違えてしまったけど。『ブラック・スワン』でナタリーはアカデミー賞、ゴールデングローブ賞、英国アカデミー賞の主演女優賞を受賞したんだって。

ソウマ 今作では圧巻の、鬼気せまる演技を見せてくれる。主人公と渡りあうライバル役、ミラ・クニスも小悪魔的ですてきだったけど。旬を過ぎたプリマドンナ役がウィノナ・ライダーに配役されていて、それがまた良かった。

ヒナコ 主人公の母親も元バレリーナ。主人公を妊娠したことで、プリマドンナを諦めた人という設定。主人公は母のぶんも夢を追わなくちゃいけなくて、ほとんど呪いみたいになっている。

ソウマ　このお母さんが過干渉なんですよね。練習所にまでついていこうとしたり。他方でお父さんはいなくてさ。

ヒナコ　バレエの世界はとにかく苛烈なものとして描かれていて、主人公は技術でも感情でも高度なセルフコントロールが要求されている。だからこそ、そのセルフコントロールの崩壊が見ものになる。

ソウマ　いわゆる「信頼できない語り手」の物語として構成されていて、主人公の見ている世界の何がどこまで真実なのか、よくわからない。それもこの作品の不気味さをよく掻きたてている。

ヒナコ　ナタリーとミラのレズビアン場面はたぶん主人公の妄想。主人公がオナニーをしていて、とつぜんギクっとして、母が見ているのに気づく場面もそうかな。

ソウマ　俺は、そういうことがあの母娘間には日常的にあって、それがレズビアン妄想に発展したのかなって思ったけど。それにしても母親の過干渉ぶりが異様なほどわかりやすくって、見てるこっちも鳥肌が立ってきますね。

ヒナコ　とにかく現実と幻想の境目がわからないから、私たちまで主人公にシンクロして、不安な感情にまきこまれてしまう映画。それが心地よい面もあるんだけど。

ソウマ　セクハラ気味だけど優秀なコーチ、というタイプの男性が出てきますよね、ああいう女性だけの世界には珍しくないんだろうか。

ヒナコ　たぶんそうだと思う。メインキャストのほとんどが女性だから、コーチの男臭さは引きたっていたね。

ソウマ　なんだか精神分析的な読解がかんたんにできそうな映画でもあったな。圧倒的な女性的世界のなかで、男性性が契機になって母子の精神的分離が進むとかどうとか、論じられそうな気がする。

ヒナコ　そんな単純な内容ではないと思うけど、抽象的で幻覚的だから、いろんな解釈が可能ではあるでしょうね。

ソウマ　主人公は母親に反抗したりもしながら、全体としては精神的に崩壊していく。ライバルのミラをガラスの破片で刺したはずなのに、ナタリーはじぶんの腹に刺していた。

ヒナコ　あれは痛そうだった。

ソウマ　もっと痛そうな場面もあって、トラウマ的なんだよね。母親がナタリーの爪を指の肉ごとチョッキンと切っちゃうのもそうだし、「ささくれ」の場面とか。

ヒナコ　「ささくれ」の場面は思いだしたくない！（笑）

ソウマ　そういう意味では、観る人を選ぶんだろうね。俺はトラウマ場面が、じぶんのトラウマの疼きにフィットして、不思議な興奮があったけど。

ヒナコ　とにかく怒濤のように進行していく。ジェットコースター的な映画で、後半の加速がすごすぎる。

ソウマ　芸術好きの人からも娯楽好きの人からも絶賛されることが多い作品。稀有な達成だと思う。

ヒナコ　最後の主人公の恍惚とした表情は、母からの呪縛を含めたそれまでのじぶんからの解放を指してるんでしょうね。

ソウマ　おなかからドバドバ血がほとばしっていて、危険な状況なんだろうけども。

ヒナコ　ホラー風味の映画としてはベタな手法なんだろうけど、手持ちカメラの揺れも絶妙に怖くて良かった。

ソウマ　うん。基本はホラーというかサスペンスなんだよね。こういうグロテスク要素のある作品って、不思議とトラウマを癒してくれる感じがある。

ヒナコ　じぶんのトラウマが、眼の前の画面に結晶化していくような感じがするから、謎の安心感を得られる。

ソウマ　そうなんだよね。

『新世紀エヴァンゲリオン』 庵野秀明監督

ヒナコ 今回は『新世紀エヴァンゲリオン』がテーマなのね。

ソウマ はい。監督は庵野秀明です。

ヒナコ 一九九五年に始まって、二〇二一年に完結と。アニメで二六年って、すごく長いよね。

ソウマ だいぶ長いですね。基本的な物語はわりとシンプルだから、余計にすごい。一話完結ものを延々とやるスタイルとか、数回で完結する「〇〇編」が重なっていくようなスタイルとは違いますから。

ヒナコ それでもシリーズはごちゃごちゃしていて、なにがどうなってるのかわからないよ。

ソウマ まず一九九五年から一九九六年にかけて放映されたテレビ版があって、これが『新世紀エヴァンゲリオン』。その最終二話を作りなおしたのが「旧劇場版」とか「旧劇」とか呼ばれる映画作品『新世紀エヴァンゲリオン劇場版 Air／まごころを、君に』。ここで物語はいったん完結したんですけど、未完のような終わり方でした。

この最初のアニメと並行して貞本義行によるマンガ版が連載されていて、それは一九九五年に始まって、二〇一三年に完結しました。

ヒナコ　マンガ版も長いんだ。一八年も連載してたなんて。

ソウマ　はい。それでこのマンガ版のエンディングは最初のアニメ版とは別物になっていました。

ヒナコ　ふうん。

ソウマ　最初のアニメ版を心残りに感じた庵野監督が、二〇〇七年から発表していったのが『ヱヴァンゲリヲン新劇場版』シリーズ。「新劇場版」とか「新劇」とか呼ばれています。二〇〇七年に第一作として『序』が、二〇〇九年に第二作として『破』が、二〇一二年に第三作として『Q』が、二〇二一年に第四作として完結編の『シン・エヴァンゲリオン劇場版』が公開されました。

ヒナコ　第三作と第四作のあいだに、九年も経っちゃったんだね！

ソウマ　はい。で、この第四作『シン・エヴァ』で三種類目のエンディングが示されたわけです。

ヒナコ　うん、シリーズの歴史は把握できた。それで作品の内容って、基本的に巨大ロボットみたいなのと怪獣みたいなのとが戦うんだよね？

ソウマ　ざっくり言えばそういうことです。で、主人公のシンジを含めて、中心的な登場人物たちってアダルトチルドレンなんです。

ヒナコ　ふうん。

ソウマ　シンジは母親と死別していて、父親は仕事人間。息子に巨大ロボット（正確には「人造人間」）のエヴァンゲリオンに乗って、「使徒」と呼ばれる怪獣のような生き物と戦うことを命じます。非常に抑圧的な父親像が描かれます。

ヒナコ　ほかのキャラはどうなってるわけ？

ソウマ　シンジの同級生の少女たち、レイやアスカ、それからシンジの保護者代わりになるミサトなんかも機能不全家族を背景としていることが語られていきます。

ヒナコ　暗くて重いアニメなのね。

ソウマ　このアニメが九〇年代末にブームになったのは、日本でその頃起こっていたアダルトチルドレン・ブームと連動したからという理由もありそうです。

ヒナコ　それって作品内でも意識されてる？

ソウマ　作品内ではそんなでもないかもしれません。でもエディプス・コンプレックスとかの精神分析の言説は取りこんでいますから、親子問題を描くという意図ははっきりしています。

ヒナコ　そっか。

ソウマ　それから、現代の視点から見ると、メインキャラクターたちには、自閉スペクトラム症の特性が見えそうな向きもあります。日本で発達障害がブームになったのは二〇〇〇年代半ばから二〇一〇年代にかけて。この時期に『エヴァンゲリオン』が初めて作られていたら、発達障害に関する言説が取りこまれていたかもしれないですね。

ヒナコ　発達障害と機能不全家庭の問題って根深いものがあるもんね。毒親の正体は発達障害者だって聞いたことがある。

ソウマ　たしかに生まれてきた子どもに対して、発達障害の親が育て方に混乱して虐待風の展開をもたらすことはあると思います。でも親が発達障害者なんだったら、だれよりも苦しんできたのは障害を持つその人だという観点が、「発達障害＝毒親」論からは脱落していることが多いように感じます。

ヒナコ　ふうん。

ソウマ　それに子どもが発達障害児で、親が発達障害のない「定型発達者」の場合、親がじぶんとは異質な子どもを虐待してしまう可能性だってあるわけです。

ヒナコ　それはわかんないけど、アダルトチルドレンを精神疾患から説明するときに、スティグマを付与するような仕方でやってはいけないなって、私も思うよ。

ソウマ　はい。アダルトチルドレンは複雑性ＰＴＳＤかもとか、ボーダーラインパーソナリティ症かもとか、被害の言説を紡ぐ上で、そうやって精神疾患の論理を参照するのは有効ではあるでしょうが、精神疾患があるから毒親になった、みたいに加害の言説を紡ぐ上で精神疾患の論理に頼るのは、危険なことが多いと思うんです。

3

当事者研究とオープンダイアローグの実践

入口として　リョウの物語

私の名はリョウ。四五歳。体は男性だけど、性別はノンバイナリーを自認している。パートナーの女性もノンバイナリーだ。私たちを見た人は平均的な夫婦と感じるかもしれないけれど、私たちの意識のうちではそうではない。「夫」ということになっている私が女性的に、「妻」ということになっているパートナーが男性的に振るまう場面は多い。私たちが両方とも男性的に、あるいは女性的に振るまう場面だってある。

私が自助グループ活動をやっているのは、子どもの頃の体験に関係している。私が小さい頃から母の弟、つまり叔父が自宅に同居していて、家族同然だった。母、父、叔父は毎晩、代りばんこに私をお風呂に入れてくれたけど、叔父とお風呂に一緒に入るときに、幼稚園の頃から体をあちこち触られたり、抱きしめられたりされていた。小学生になると体のあちこちに口づけされたり、舐めまわされたり、性的な部位をこすられたり、揉まれたりするようになった。

私はそれが嫌だと感じることもできなかったけど、思春期になってから、その記憶が怖くなり、叔父の前では何もしゃべれなくなってしまった。父や母は「どうしたの。思春期ね。難しい年頃ね」と言っていたけど、もちろんそういう理由ではない。高校生になる頃、叔父がようやく独り立ちして家を出ていってくれたときには、どれだけ心が解放されたことか。小学生の終わり頃、父母や叔父と一緒に入浴しないことに決めたけど、中学時代はずっと叔父に怯えていた。学校から帰ってきて、自宅に叔父しかいないとき、私はいつも自室に鍵をかけて立て籠もり、とつぜん襲われることがないようにと警戒していた。

その叔父とのことを、長いあいだ誰にも話せないままでいた。高校時代に最初にできた恋人は年上の男性だったけど、私の話をあまり真面目に受けとってくれず、猥談を聞くような感じで受けとめていたのがショックだった。それで、そのあとの恋人には男性でも女性でもじぶんの体験を話せないようになってしまった。

妻とは、大学院で知りあって、彼女は心理学を勉強していた。私は西洋史を専攻していたけれど、学際的な大学院に通っていたので、同じ共同研究室に毎日一緒になって、たびたび連れだって食事に行くようになり、交際に発展した。彼女はそれまでの恋人の誰よりも私のことを深く理解してくれたから、私たちは互いにノンバイナリーだと打ちあけた。男性も女性も恋愛や性愛の対象になる私とは異なって、彼女は体が男性の人だけを好きになるという。私が叔父とのことを話題にし、彼女は自助グループというものがあると教えてくれた。

私は妻と一緒にＬＧＢＴＱ＋のための自助グループに通い、それとは別に私ひとりでアダルトチルドレンの自助グループに通った。初めは12ステップ系のグループに通っていたけれど、そのうちじぶんで対話型のグループを立ちあげ、それを長く続けてきている。一ヶ月に一回の開催だから、無理のないペースで運営できていると思う。きょうの会合ではダイキさんという男性とアヤカさんという女性が初めて参加してくれた。ふたりの雰囲気を見ていると、おそらく恋人同士なのだろうと感じられた。彼らの悩みについては書かないでおくけれど、ふたりとも深刻な悩みを持っていた。少しでも力になることができたら良いと思う。

3-1

前もって理解しておくこと

当事者研究とオープンダイアローグ的対話実践のやり方

【講義】

リョウ　この自助グループでは、当事者研究とオープンダイアローグ的対話実践を実施しています。おや、スタッフの顔ぶれに驚いている人たちもいますね。このグループに辿りつく人は、しばしば公民館での連続講習会を受けています。そこで講師を務めているのが、こちらのおふたり、マリコさんとミドリさん。私も以前、講師を務めたことがあるんですが、ふだんはこの自助グループ「ドラゴンフルーツ」で、対話実践に取りくんでいます。テーマはアダルトチルドレンの問題に限りませんが、スタッフはみんなアダルトチルドレンですから、その方向の話題が多くなる傾向にあります。

さて、このグループでの対話のやり方について、さっそく説明していきましょう。まずは当事者研究です。配役はつぎのとおりとなります。

（A）当事者（一名）

（B）当事者仲間（若干名）

（C）ファシリテーター（一名）

（D）ホワイトボード担当（一名）

＊（C）と（D）は兼任しても良い

つぎに進め方を説明します。

（1）全体の時間を設定する。一件につき一五〜三〇分程度が多い。以下の各過程の時間配分はとくに決めず、柔軟に進行していく。

（2）当事者は固有の苦労を話す。ファシリテーターがリードし、苦労のメカニズム、苦労の歴史、人間関係、将来への展望などの情報を補完していく。ホワイトボード担当は文字、記号、図、イラストなどを使って話された内容の要点を記していく。

（3）ファシリテーターは当事者仲間たちに意見を求め、ホワイトボード担当がそれを記していく。

（4）当事者が発言し、ファシリテーターや当事者仲間たちと意見交換を重ねていく。ホワイトボード担当がそれを書いていく。

（5）ファシリテーターに支援されつつ当事者が「宿題」を考え、今後の研究に活用できるように調整する。

【質疑応答】

ダイキ　「苦労」というのが、独特な表現だと思いました。

リョウ　当時者研究が生まれた浦河べてるの家での表現です。わかりにくいのでしたら、「生きづらさ」「悩みごと」「困りごと」などと言いかえても良いです。

アヤカ　ファシリテーターとホワイトボード担当は兼任しても良いんですね。

ダイキ　片方だけでもたいへんそうです。

リョウ　場合によっては、ということです。分担するほうが、進行はなめらかになると思います。ですが、ファシリテーターの思うように、ホワイトボード担当が書いてくれなかったりということも多いので、ひとりがまとめてやると、そのギクシャクを解消できます。

ダイキ　「宿題」の成果は、次回以降のミーティングで披露するわけですか。
リョウ　つぎに当事者研究の相談役になったときに、ということになります。
ダイキ　なるほど。

【講義】

リョウ　続いて、オープンダイアローグ的対話実践のやり方です。配役は、つぎのとおりとなります。

（Ａ）相談者（一名）
（Ｂ）ファシリテーター（一名）
（Ｃ）リフレクティングチーム（リーダー一名、メンバー若干名）

進め方はつぎのようになります。

（１）全体の時間を設定する。ここでは仮に五五分として、各過程の時間配分も仮に示す。
（２）相談者が困りごと・悩みごとを話す。ファシリテーターは支援する。（一〇分）

（3）リフレクティングチームによるリフレクティング（話し手の前で話し手について語りあう）の時間。（一〇分）

＊相談者は目をつむって、耳を傾ける。

＊リフレクティングチームは相談者やファシリテーターに向かってではなく、仲間内で話すように心がける。

＊相談者が傷つきそうなことは絶対に言わないようにし、その上でじぶんの心にも嘘をつかないように努める。

（4）相談者が負担でない範囲で応答する。ファシリテーターは支援する。（五分）

（5）リフレクティング、二回目。（一〇分）

（6）相談者による応答、二回目。（五分）

（7）参加者全員で感想を共有する。（一五分）

【質疑応答】

アヤカ　これは一般的なオープンダイアローグのやり方なんでしょうか。

リョウ　そうではありません。オープンダイアローグは本来病院など医療の現場でやられるものです。私たちは自助グループでそれを運用しようというわけですから、使い勝手が良いようにアレンジを加えています。

ダイキ　それで「オープンダイアローグ」と言いきらず、「オープンダイアローグ的対話実践」なんですね。

アヤカ　この自助グループでやっているオープンダイアローグ的対話実践の特徴はどのようなところにありますか。

リョウ　多くの自助グループでは、ファシリテーターが全体の司会を担当して、権限が強くなりすぎています。ですから私たちのグループでは、リフレクティングのあいだはファシリテーターが発言できないようにしています。

ダイキ　なるほど。

リョウ　リフレクティングと応答を数回反復するのも特徴的だと思います。病院のオープンダイアローグでも、自助グループのオープンダイアローグ的対話実践でも、リフレクティングは一回だけが多いのです。しかし私たちは病院ではふつう何度も通院するのに、自助グループは「一見さん」が非常に多いということに注目しました。それで、一回のセッションで言葉が寄せては返す波のように作用することをめざしたのです。一回の参加でも、複数回参加したかのような効果を与えたいと考えたからです。

アヤカ　「相談者が傷つきそうなことは絶対に言わないようにし、その上でじぶんの心にも嘘をつかないように努める」という部分にも個性を感じました。

リョウ　はい。いろんな自助グループでオープンダイアローグ的対話実践を見学していると、どうしても「心にもないことを言って、ぬるま湯のような対話が続く」という場面を多く眼にしました。それではもったいないと思ったのです。

ダイキ　ほかに注意すべきことはありますか。

リョウ　当事者研究にもオープンダイアローグ的対話実践にも言えることですが、要点は当事者の古いドミナント・ストーリーを転覆させ、オルタナティブ・ストーリーを新たに創出することです。ですが、それは無理強いした仕方でやってはいけない。むしろ、そのような「物語の更新」が起きることが理想的だと念頭に置きつつも、「起これば幸い」くらいに考えるのが良いと思います。物語の更新に狙いを焦点化しないほうが対話はうまくいく。焦点化すれば、相手の世界観を覆すために投機的な発言が大量に投下されることになる。それは不健全な対話空間です。

アヤカ　当事者の意思を尊重せず、強引に新しい物語のなかに放りこむのは、一種の暴力ですよね。

グラウンドルールがたいせつ

【講義】

リョウ　対話型自助グループが安心安全な場となるために、もっとも大切なことが堅牢なグラウンドルールの策定です。このグループでは、つぎの箇条書きをホワイトボードの右端に書くことで、グラウンドルールを提示しています。

①じぶん自身で、共に
②診察・カウンセリングとは別物
③傾聴
④守秘義務
⑤入退室自由
⑥じぶんにも他人にも優しく
⑦他者を否定しない
⑧説教しない

⑨助言は提案として

「じぶん自身で、共に」は、当事者研究が生まれた浦河べてるの家の標語です。参加者各自がじぶんの問題をじぶんで背負うようにしよう、そうすることで問題は処理しやすくなるため、積極的にそうする価値があるということです。そして、ただしこの場には同じような悩みを持つ仲間が集まっているから、仲間の力は遠慮せずぞんぶんに借りようということです。

「診察・カウンセリングとは別物」ということは、会合のあいだ、いつも念頭に置いていただきたい。言いたくないことを言う必要は、まったくありません。

「傾聴」。ほかの参加者が話しているときは、できるだけ耳を傾けようということ。それらの話が、じぶんの問題を解決する上で大きなヒントになることは稀ではありません。

「守秘義務」。ミーティングで聞いた個人情報は、他言してはいけないということ。SNSなどに書きこむのもルール違反です。ただし、ミーティングで得られた一般的な情報や経験にもとづいた知恵などは、日常生活でぞんぶんに活用してかまいません。

「入退室自由」。気分体調が悪くなった場合には、部屋の出入りはいつでも自由にして良いということ。許可を取る必要はありません。

「じぶんにも他人にも優しく」。悩みごとを抱えていると、じぶんに厳しい、あるいは他人に厳しいとかいう局面が起こりがちですが、そうやって良いことはほとんどないので、じぶんにも他人にも優しく接するアサーティブネス、あるいはコンパッションを発揮しようということ。

「他者を否定しない」と「説教しない」は、説明せずともわかりますね。健全な対話空間を構築するために「上から目線」や「マウンティング」を回避する必要があります。

「助言は提案として」。助言を求められる場面も多くあるにせよ、居丈高な印象を与えないようにするため、助言したいときは「これはあくまで私なりの提案ですが」と低姿勢で語るようにしようということです。

【質疑応答】

リョウ　なにか質問はありますか。

アヤカ　いえ、よく考えられていると思いました。

ダイキ　だいぶ慎重に練りあげられたんですよね。

リョウ　ふふふ。

【講義】

つぎに、オープンダイアローグ的対話実践に関しては、つぎのグラウンドルール一覧を書いた紙を毎回配布しています。

①この会は、オープンダイアローグ的な対話実践を模索する集まりです。
②この会は自助グループ、つまりなんらかの問題を抱えた当事者の互助会です。本会のスタッフと参加者の関係は対等です。
③スタッフについては、プロの福祉支援者ではなく、相談者と同じく「悩める当事者仲間」としてご理解ください。支援者としての資格を持っている人も、持っていない人もいます。
④スタッフか外部からの参加者かに限らず、全員がひとりひとり「安心安全な場を作る」仲間として対話する集まりです。
⑤本会は「トラウマ・インフォームド・ケア」を重視しています。どの相談者にもトラウマ（心的外傷）があるかもしれないと想定して、それに二次被害を与えないようにするように努力します。
⑥対話を進めるのが困難と感じた場合、沈黙する、発言をパスする、退出するなどの自

由があります。つらくなった場合には、自己判断で離席してください。そのあと戻ってくるのも、去ってしまうのも自由です。スタッフと参加者ともに、この権利が尊重されます。

⑦本会の会合には守秘義務があります。誰それが参加していたとか、誰それがこんなことを言っていたという情報は口外禁止です。SNS等での発信も避けてください。

⑧オープンダイアローグの重要な理念として「不確実性に耐える」ということがあります。いつどんな時点でも予期しないことが起こりえます。動揺したとしても、そのことをほかの参加者に伝え、支えあいながら対処することが大切です。

【質疑応答】

ダイキ　当事者研究とオープンダイアローグ的対話実践でグラウンドルールが異なるのは、どうしてですか。

リョウ　当事者研究は、ファシリテーターがホワイトボード担当を兼ねる場合、スタッフ一名で進行できます。ですから、当事者研究のグラウンドルールは私がファシリテーターとして運用しやすく、参加者にとっても安心できるものを考えて、策定しました。それに対してオープンダイアローグ的対話実践は、どうしてもスタッフ複数名が必要になります。

スタッフのそれぞれにとって助かり、そしてもちろん参加者にとっても有益なグラウンドルールを模索した結果として、このような形になりました。

ダイキ　なるほど。

アヤカ　じぶんが対話型自助グループを主宰したい場合、グラウンドルールについて、一般的に念頭に置いておくべきこととして、どういうことがありますか。

リョウ　主宰者が会合の性質や参加者の顔ぶれなどを踏まえ、慎重に構築する必要があるということです。じぶんが参加してきた自助グループのグラウンドルールを参考にしながら、良いとこ取りをしたり、改良したり、逆に簡略化したりして、じぶんたちのグループ専用のグラウンドルールを作っていきます。

ダイキ　「これは良い」と思った既存のグループのグラウンドルールを丸パクリするのは、やはりまずいですよね？

リョウ　そのまま全部コピーするのは、トラブルを招く可能性が高いと思います。試行錯誤が重要ですね。

アヤカ　グラウンドルールだけでも、なかなかたいへんそうですね。

リョウ　新たに対話型自助グループを創設するとき、初回のミーティングから完成したグラウンドルールを提示できる可能性は低いでしょう。自助グループを運営していきながら、実情に合わせて改訂作業を重ねる必要が出てくると思います。

最大のターゲットは環境

【講義】

リョウ　当事者研究は、北海道の浦河にある「べてるの家」という地域生活拠点で生まれました。ふだんから統合失調症や依存症を患っている仲間と暮らし、その生活の内部に当事者研究が位置づけられています。ですから、研究内容はどうしても生活の現場や仲間の動きを含みこんだものになります。どのようにすれば生きづらさを減らすことができるかという課題に関しても、仲間の言動を含めた環境の調整なしには考えられません。

オープンダイアローグはフィンランドの西ラップランド地方にあるトルニオという街のケロプダス病院で生まれました。本来は統合失調症の治療のために開発され、患者側（患者本人、その家族、友人知人）と治療者スタッフ側が対話して、その対話の内容について治療スタッフ側が意見交換するさまを患者側が観察します。患者側には家族や友人知人が参加しているという「家族療法」のモデルが採用されている点が重要で、結局この構図ゆえに患者のために環境調整を図ることが可能になります。

【質疑応答】

アヤカ　たぶん自助グループの弱点は、そこにあるんですよね。

ダイキ　環境調整が直接的にはできないということだね。

リョウ　そのとおりです。自助グループに参加する人は、ほとんどの場合、当事者ひとりで会場を訪れます。パートナー、家族、友人知人と参加する人は稀なのです。

アヤカ　ということは、悩みを相談する当事者の環境にアプローチしようと思ったら、その当事者自身が、ふだんの生活で環境調整を訴えなければならないですよね。

ダイキ　もちろん、そうやって環境を変えることも不可能ではないんだろうけど、自助グループの力が当事者の家族や友人知人に与える影響力は、限定的になってしまうね。

リョウ　ですから私たちのように対話型自助グループの形を選んで、当事者研究やオープンダイアローグ的対話実践をやっていこうとするならば、「できるだけ家族や友人知人とともに参加してほしい」といった呼びかけをすることが望ましい、と考えています。

アヤカ　そうすることで、対話型自助グループの機能は大幅に上昇することが見込めるというわけね。

アドバイスの問題

【講義】

リョウ　自助グループで、助言（アドバイス）をどうするかという問題は、案外と難しいんですよ。助言というのは、基本的に上の立場から下の立場に与えられるものです。ゆえに、それはかんたんに高圧的なものになりうる。的外れなアドバイスを押しつけられて、辟易する経験は、なるべく避けたいものでしょう。自助グループの世界では無益有害な助言を「クソバイス」として否定する言説も流通しています。先に私たちのグループでは、当事者研究のグラウンドルールとして、「助言は提案として」という項目を設けていることを紹介しましたが、それもアドバイスの危険性を意識してのことです。

ですが、まさに助言を得られることに期待したからこそ、自助グループに参加したのだという人は一定数存在するのも事実です。そのように期待した人が助言を与えられず、そのまま帰っていくことになれば、その自助グループのミーティングは端的に失敗だったということになってしまいます。そこで、助言を求めているかどうかを相談者に確認することは重要性が高いと思います。

【質疑応答】

ダイキ　リョウさんはどうですか。アドバイスはよくやりますか。

リョウ　私は比較的アドバイスを多用しています。というのも、私自身にとって、新しい気づきを得ることで、オルタナティブ・ストーリーを入手することがもっとも枢要な関心にあるからです。その気づきを促すものとして、気の利いた助言は有益なことが多いのです。

アヤカ　リョウさん自身もアドバイスを受けたいほうですか。

リョウ　そのとおりです。もちろん、押しつけがましいものは勘弁したいですが、有益なアドバイスによって、見えなかったものが見えるようになることには、大きな快感があります。

ダイキ　そういう快感ないし利益を他者にも還元したいという思いがあるわけですね。

アヤカ　でも、そうやって助言したことが、もちろん相手から疎まれて、「助言を求めて話したんじゃない。共感してほしかっただけだ」と拒絶されることはありますよね。

リョウ　まさしくそうです。ですから、「助言は提案として」の形式や、アドバイスが必要か確かめることが重要だと思います。

ダイキ　難しいものですね。

リョウ　対話型自助グループで出される助言が多すぎるならば、それは構造的問題に関わっている可能性があります。自助グループに参加する人のなかには、たしかに長期にわたって継続的に参加する人もいますが、多くの参加者は「一見さん」なのです。一度参加しただけで、もはや二度と来ない人は珍しくありません。また家族や知人友人とともに来ることも少ないから、相談者の環境にアプローチすることは難しい。主宰者側はそれを知っているからこそ、「一期一会のいまの機会を利用して、少しでも相手の利益になることをしてあげたい」と願い、助言を提供するという選択肢に手を伸ばしがちなのです。

アヤカ　そういうことなら、助言にかまけるよりは、「継続参加こそ重要」とか「できれば次回は家族や友人知人と参加してほしい」と直接的に表明したほうが良さそうですね。

ダイキ　助言を与えることは利他的行為かもしれませんが、それが悪目立ちして対話をのっとっては台無しですよね。

リョウ　私としては、助言的なメッセージはなるべく対話の最後に持ってこないように注意しています。「対話のメインディッシュ」に助言を据えたら、それがいちばん重要なメッセージだと受けとられてしまいます。

アヤカ　アドバイスの扱いには、熟練の腕が必要そうですね。

ダイキ　熟練の域に達するには豊富な経験が必要そうです。

リョウ　はい、私自身もけっして熟練しているとは言えません。

アイ・メッセージ

【講義】

リョウ　アサーティブネスを確保する上で、「アイ・メッセージ」は有効性が高いものです。つまり「あくまでじぶんとしてはこう思うのですが」「じぶんの場合はこうやっているのですが」のように、主語を「私」にすることで、押しつけがましさを減らすことができるわけです。「あなたの場合は」「あなたは○○なのだから」と相手を主語にした「ユー・メッセージ」を使うと、言われた側としてはじぶんの主体性を侵食された気がして、受けとめづらくなります。

【質疑応答】

ダイキ　大ベストセラーになった『嫌われる勇気』っていう自己啓発書がありますね。あれを読んで、他者から嫌われても良いと思うようになった人は多いと思うんです。そうやって偽りのないじぶんを手に入れられたのなら、それはそれで良かったのかもしれませんが、嫌われるということは、じぶんのメッセージをまともに聞いてもらえなくなるという問題に直結しているなって思うんです。

アヤカ 「嫌われる勇気」に開眼したあとは、「嫌われる愚かさ」にも開眼したほうがいいって思うんだよね。

リョウ 嫌われずに、つまりちゃんと聞いてもらうためには、「ユー・メッセージ」を慎みつつ、「アイ・メッセージ」に注力するべきだと思います。

3-2

自助グループでの当事者研究

フラッシュバックについての当事者研究

リョウ　それでは始めましょう。相談者はミナさん。私は司会をしながら、みなさんの発言の要点を、文字と絵と図でホワイトボードに書きだしていきますね。

ミナ　私は三〇代の主婦です。夫のほかに子どもがふたりいて、四人家族です。私が中学生の頃、父はアルコール依存症になって働かなくなり、平日でもテレビを見ながらビールや日本酒を飲みつづける人になりました。母は最近ふうに言うとヤングケアラーで、子どもの頃はじぶんの祖母の看病を父母、つまり私の祖父母に代わってやっていたと聞いたことがあります。父に対してはイネイブラーで、共依存。父は母より年上なのですが、もとの家族では末っ子なので、甘えたがり。それを年下の母が姉のように甘やかす、という家族でした。

兄がいるのですが、統合失調症にかかっています。最近は統合失調症の薬が改良されているらしく、兄も深刻な病状ではないのですが、親戚にも統合失調症になった人がいるので、家系的な問題かと思います。ですから私もいつ発症するのかと不安です。もしかしたら、父も統合失調症を罹患していて、その不安を誤魔化すために飲酒に溺れていたんじゃないか、と疑っています。母も性格が険しくて、少し不思議な人でしたから、家族全員に精神疾患の傾向があったんじゃないかと想像することもあります。

兄は統合失調症を発症するまで両親の希望の星で、私は「女の子だから」と言われて、ほとんど手をかけられませんでした。いつも私はじぶんが透明人間になった気がしていました。透明人間になることで、イヤなこと、つらいことがあっても、なんでもないことだと信じようとしていた気がします。それで私はいまでも自己否定の感情が強くて、厭世観のようなものに囚われています。これがアダルトチルドレンということなんだ、と思っています。満たされない思いをどうやって乗りこえたら良いのか、よくわかりません。

最近の困り事としては、フラッシュバックがきついことです。いま住んでいる家の近くで、いつも夫婦ゲンカをする声が聞こえてきて、その男の人の声がなんだか父を連想させるんです。それで、酔っぱらって怪物みたいになった父のことを思いだしてしまって、心がムチャクチャになります。父はもう他界して、母は兄の面倒を見ながら暮らしています。私は悪いと思う気持ちがありながら、ふたりに関わらないようにしながら日々の生活を送っている感じです。

リョウ　それでは、ほかの参加者の声を拾ってみましょう。まず私の個人的意見ですが、私は他人を変えるのは難しいけど、じぶんを変えるのはかんたんだという認知行動療法や自己啓発な考え方に懐疑的なほうです。じぶんを変えるよりも環境を変えるほうが当事者にとって負担が少なく、良いと思うんです。ですから思いきって引っ越しを検討するのもありかもなとは思いました。

アヤカ　子どもの頃、家族の中でどう振るまっていたかをお聞きして、以前アダルトチルドレンの講習で聞いた不在役（ロスト・ワン）という言葉を思いだしました。お兄さんは英雄役（ヒーロー）だったのかもしれないですね。私自身のことを言うと、道化役（クラン）として、おもしろおかしくおどけていた場面を多く思いだしてしまうのですが、そうしていないとロスト・ワンのように感じて寂しかったからかな、って考えています。

ヤマト　僕もフラッシュバックに悩まされていて、それを「地獄行きのタイムマシン」と呼んでいます。過去に向かうことができる夢の乗り物、タイムマシン。しかし行き先は地獄しか選べないというわけです。僕なりの当事者研究ですが、なるべく健康的な気分をキープしながら生活できていると、フラッシュバックは起きにくいと感じます。

でもふとした瞬間に起きることもあるんですよね。心に余白があると、そこからフラッシュバックが湧いてきて、わっと広がる感じがします。ですから僕は、いつも音楽とかラジオ番組を流しっぱなしにしていて、心の余白を減らすようにしています。僕はリモートワークだからそれができるんですが、ミナさんも主婦だから、たぶんやりやすいんじゃないかと思いました。

ダイキ　ぼくはフラッシュバックが起きたとき、体のあちこちを軽くタッピングしていくというのをやっています。ボディタッチをすると、心と体が「いまここ」に帰ってくるような感じがして、楽になります。

リョウ　ミナさん、なにか応答はできますか。

ミナ　じぶんを変えるより環境を変えるのが良いというのは、考えたことがなかったので、ハッとしました。どういうふうにして「まともなじぶん」になろうかと悩んで来ましたから。と言っても引っ越しをするのはいまの状況では難しいので、音楽を流しっぱなしにしてみるのは良いかもと思いました。そうしたら心がウキウキするし、怒鳴り声も聞こえにくくなりますから、環境の変化と同じ効果ですよね。

ボディタッチも聞いたことがなかったので、今度フラッシュバックが起きたときは、ぜひやってみようと思います。体に刺激を与えることは、いかにも健康的な印象です。最近はすっかりぐったりして、ナーヴァスな気持ちでいることが多くて。

もともとそんなにおっちょこちょいではないのですが、近頃は主婦仲間と雑談をしていても余計なことを言ってしまったり、家事でも些細なミスが積みかさなったりして、困っています。じぶんを責めて、これも子どもの頃の家庭環境のせいなのかとクヨクヨして、グルグル思考で苦しんでいます。それでフラッシュバックを起こしやすくなっているのかなとも思います。

じつはしばらく前から、カウンセリングに通っているんです。カウンセラーは「毒親によって作られた信念が影響しているんでしょうね」と言っていました。でも、じぶんの親を「毒親」とは言いたくないという思いがあります。

フラッシュバックがあると、自殺への衝動が高まります。親戚に自殺で死んだと聞いたことがある人が複数いますから、これも家系的な問題かもしれません。一思いに死ねたらいいんですけど、痛いのはイヤだし、失敗して生きのこったら、いまよりも苦しい立場になってしまうので、決断できないでいます。

リョウ　希死念慮のお話を聞いて、とても心配に感じました。自殺をする人は、とても孤独なことが多いという話を聞いたことがあります。少なくとも孤独感を濃厚に感じているのではないでしょうか。その場合、じぶんがちゃんと人間関係につながっている、どこかのコミュニティに属しているという実感が必要だと思います。むかしからの友人に連絡して遊びに行く、趣味のサークルに入るなどの行動をしてはどうでしょうか。もちろん、私たちの自助グループもコミュニティの候補になりえます。

ダイキ　すぐに誰かとつながったり、この自助グループに継続的に参加したりするのに負担を感じるようなら、好きな人や物や事のラインナップを作成してみると良いかもしれませんね。意外とじぶんが好きなものってたくさんあることがわかって、そうしたらこの世に対する未練が強まると思うんです。

ヤマト　僕は死にたい気分になったとき、ＳＮＳでつながっている気の合う仲間とダイレクトメッセージやレスポンスのやりとりをすることにしていますね。僕もフラッシュバックがきついときに死にたいと思うので、そういうときにはいろんなＳＮＳを開いて、いろんな人に声をかけています。相手にとっては迷惑かなって、少しためらってはいるのですが。

リョウ　フラッシュバックに入ったら、私は過去のことは過去のこと、現在のこととは別だと、もういまは安全なんだってじぶんに言いきかせています。

それから、激しい暴力や暴言を受けていた時期や、毒親と同居していたときにフラッシュバックはあまり起こらないもののようです。ひとり暮らしをしたり、パートナーができたりして、毒親のもとを離れて、「安全基地」ができたら、フラッシュバックに見舞われたり、人によっては自傷行為をやったりする、そうして希死念慮にも襲われるみたいです。ですから、私はフラッシュバックが起きている現在は、じつは安全な状況にいるからなんだってじぶんに言いきかせています。

アヤカ　私は最近、じぶんが問題だと思っていることを書きだしてみたんです。じぶんの現状を把握するだけでも、なんとなく楽になった気がしました。あくまで私の事例ですが、紹介しておきます。

あるいはフラッシュバックが起きたら、どういう場面でそうなったかを記録していって、当事者研究を進めていくとか。たとえば、怒鳴り声が聞こえてきても、フラッシュバックが起きにくい状況はあるかもしれない。フラッシュバックが起きるときと起きないときのじぶんなりのパターンが理解できたら、問題の解決に近づけそうだって私は考えています。

ミナ　アダルトチルドレンというのは、複雑性ＰＴＳＤのことが多いと聞いたことがあります。そうでなくても、私がトラウマまみれなのはまちがいないと思います。世の中の人たちが、そういう人もいるんだということ、トラウマで苦しんでいる人もいるんだとわかってくれたら、楽になる場面も多いでしょうね。友だちに相談しても、カウンセラーに相談しても、あまり私のトラウマに気づいていないような言動を受けることがあって、モヤモヤしてしまいます。

リョウ　いわゆるトラウマインフォームドケアが、公衆衛生として広まってほしいという議論がありますね。自助グループの役割は、トラウマインフォームドケアを保証できるところにもあるような気がします。少なくとも、そのような安心安全が実装されていない自助グループはまちがっていると思います。私たちの自助グループでは、ミナさんがご自身のトラウマを安全に処理できるように助けつつ、バラバラになった記憶を全体として統一的な形で語れるようになっていってもらうことに力を尽くしています。そこに回復の本質があると思うからです。

ヤマト　僕は民間伝承に興味があって、怪談なんかが大好きなんですが、自助グループは怪談が語られる場に似ていて、ゾクゾクする感じが病みつきになります。ミナさんが、トラウマに関わる話を口にして、その場の雰囲気を嵐のように席巻していく。もちろんミナさんの話を娯楽として楽しんでいるのではないのですが、不思議な高揚感を覚えてしまいます。

ミナ　私の話を聞いてもらったのと、みなさんから多様な応答を受けとることができて、どことなく気持ちが軽くなったような気がします。対話をするって、良いものですね。ぜひ今後も続けていけたら、ありがたいです。

怒りについての当事者研究

リョウ　それでは引きつづき当事者研究をやっていきましょう。相談者はソウマさん。私はふたたび司会をしながら、みなさんが発言した内容の要点をホワイトボードに書きだしていきます。

ソウマ　俺はいま三〇代後半。公務員をやっています。未婚でひとり暮らしをしていて、だいぶワーカホリックです。つまり仕事に依存する傾向があるんです。

その依存傾向の根っこにあるのは、機能不全家族の問題だと感じています。うちは両親がマルチ商法にハマって、子ども時代は厳しいものでした。とくに母が熱心でした。親から否定され、身体的な虐待もされました。叱られつづけ、父といても母といても窮屈な思いをしていました。弟や妹も同様に苦しんだと思います。

いまでは家族とは絶縁済みです。子どもの頃のことを母に詰問したら、「運命のせいでそうなっただけだ。その運命はおまえの運命だから、おまえが選んだのと一緒だ」なんて言われて、頭に来ました。母はいまでもマルチ商法に関して狂信的ですし、父は母のあとをついていくような態度を崩していません。

家族と接触しないのは良いのですが、離れて暮らすようになってから、突きあげてくる怒りをもてあましています。ものを叩いたり投げたりしても、気持ちが収まりません。ですから交際する女性ともトラブルになりがちで、結局結婚しないままこんな年になってしまいました。いま交際しているひとともケンカが多くて、きょうは彼女のユカにせっつかれて、こちらの会に参加させていただきました。

リョウ　怒っているときは、どういう感じなんですか。またどういう状況でそうなるんでしょう？

ソウマ　怒りだすと、ほかのことは何も見えなくなります。相手に逃げ場を与えないような怒り方をしてしまいますし、終わったあとは「また言いすぎた」と後悔するんですが、あとの祭りです。だから、かつて良好だった人間関係が何度も終焉を迎えてきました。職場でもすっかりパワハラ上司として怖がられていますし、いまのままでは昇進もできないと思います。

頭に血が登るのは、私の意見を否定されたり、拒絶的な態度を取られたりしたときですね。どうしても両親がじぶんにやってきたことを思いだして、相手を排除しないとじぶんが生きのこれないと思ってしまうんです。で、マウンティングをしたくなったり、倍返しを考えたりします。いつのまにか、じぶん自身が両親と同じような人間になってしまいました。

リョウ　私はアンガーマネージメントから多くを学びました。よく言われるのは、激烈な怒りが持続するのは6秒間だから、その6秒を我慢するというものですね。素数を数えていくとか、１００から7ずつ引いていくというのも、私には効果があります。

ハルト　ぼくの知りあいに、「瞬間湯沸かし器」という感じの人がいて、困っています。些細なことをすぐに「百倍返し」とかにしようとする。ぼくは心のなかで、「たしかにやりかえすのはあなたの自由なんでしょうけど、あえてやりかえさない自由もあなたにはあるんですよ」ってツッコミを入れています。

リョウ　ヤマアラシのジレンマという言葉がありますね。適度な距離を置かないと、お互いに傷つけあってしまう。相手にイラッとしたら、それは「もう少し距離を置くべきだというサイン」として受けとるのが良さそうです。

相手から何かやられたと思ったとき、私はマウンティングしたい気持ちを抑えて、相手に「へえ、そうなんだ」って軽く答えることにしているんです。なんでも「へえ、そうなんだ」と言っておくと、相手の発言を無効化できて、良い具合にガス抜きしていける感じがします。

アヤカ　私の親もカルト宗教を信じていたから、マルチ商法にハマったソウマさんの両親は、私の親に似ているかもなって思いました。私もやはり怒りに支配されやすいんですけど、ソウマさんとはだいぶ違うかもしれません。私は不快なことをされても瞬時に怒れなくて、その場が過ぎさってから、頭のなかで整理できるとともに怒りがじわじわとふくらんできて、爆発してしまう。でも、そのときには相手はもういないし、その場面についてあとからどうこういうのは情けない、という状況になっている。はけ口が見つからなくて、困るんです。そんな体験を繰りかえしているから、怒りのなかで大元の原因になった親への憎しみが高まってしまいます。

リョウ　異様に怒りっぽいなどの問題行動も、その人自身がさらされた暴言とか暴力とかに抵抗して生きるために身につけたレジスタンスだと考えることができます。そのことを多くの人が知ってくれると良いのですが。

それから、アダルトチルドレンや毒親の問題は世代間で連鎖するということ。親によって常識が狂わされてしまったから、その狂った常識で生きていくことになる。結果として、その人自身が「毒親」タイプになってしまう。

ソウマ　アンガーマネジメントについて勉強したことはあったのですが、こうやって自助グループで人の口から聞くと、特別な臨場感があって、頭に入ってきやすい気がします。素数を数えるというのは、良いなと思いました。

ヤマアラシのジレンマは聞いたことがあります。実際のヤマアラシはそんなことにならないそうですけど。それはともかく、イライラを感じる相手がいたら、ケンカになる前に距離を置くべきだと考えたほうが生産的ですね。「へえ、そうなんだ」という応答も使っていくつもりです。部下に使って、ますますパワハラ上司だと思われる危険は、ちゃんと避けつつ。

ユカ　恋人の私も発言しますね。私には、彼の過去の悔しいとか、悲しいとか、恥ずかしいとかの記憶の糸が絡まっていて、いま発生するトラブルと化学反応を起こして、怒りの爆発につながっている感じがするんです。いつもコップの水があふれそうになっている感じ。だから自助グループに参加して、自己開示をして、コップの水をどんどん減らしたほうがいいって勧めたんです。

リョウ　うん。私もそうやって、開示できる体験談をじぶんのペースで少しずつ増やしてきました。相談者さんには、今後も彼女さんと一緒にこの自助グループにぜひ参加していただけたら、うれしいな。

　ところで、人間なので怒りたいときがあるのは当然ですし、それよりどうやってストレス解消するかがポイントではないかという気もします。ソウマさんは、なにか工夫なんかはなさっていますか。

ソウマ　いえ、俺は無趣味なほうなので、ストレス発散はあまりできてないですね。

ハルト　じゃあ趣味の開拓から進めても良いですね。イエス・キリストの言葉に「人はパンのみにて生くる者にあらず」ってありますよね。心の栄養がたいせつなんですよ。ぼくは昭和の頃の、じぶんが欲しかったオモチャを収集するのが趣味なんです。心のオヤツとして、かけがえのないコレクションを所有しています。

ダイキ　自助グループにたくさん参加すると、心が清々します。アダルトチルドレン向けのグループがいろいろあって、選択肢に困りません。

　ぼくの場合は虐待まではされていなかったから、最初は参加していても話すことがない、じぶんの体験はしょぼいって思ってたんですけど、ほかの参加者の話を聞くだけでも回復に役立つって感じました。じぶんだけが苦しいのではないと気づきますし、壮絶な話を聞いたあとに、ふっと我に返る瞬間があって、その心の変化が気持ちいいんです。で、そうやって自助グループになじんでいくと、だんだんとじぶんが語るのもやりやすくなっていきました。整理して話してみると、案外じぶんの体験って壮絶だな、ぼくもサバイバーなんだなってわかってくるんです。

アヤカ　怒りの抑え方については、私の知りあいはマインドフルネスの訓練が有効だって言っていました。マインドフルネスはじぶんの言動をじぶんで追跡していくという心理療法のことです。難しいと感じたら、じぶんの言動について、心のなかで実況解説をしてみると、やりやすくなったみたいです。

ハルト　マインドフル・セルフコンパッションっていうのもありますよね。友だちに対する親切さをじぶんにも振りむけるというもの。人は誰でもじぶんのことがいちばんたいせつなはずだけど、案外そのじぶん自身をザツに扱っていることが多いみたいです。他人と違って気を遣わなくて良いからだと思います。だから、やはりじぶんにも気を遣いましょうってことです。

ダイキ　ぼく自身に対する自己分析ですが、相手の存在感を大きく受けとめすぎるから、それがつらくて怒ってしまっているって気づきました。じぶんに迫ってくるものを排除しようとして。それはじぶんの存在感も大きく見積もっているから、起こるんだって思いました。他人にとって、じぶんはそれほど重要でないと割りきっておくと、また変わるのかもしれないといまは考えています。

ユカ　私は最近、スキーマ療法を勉強していて、それを彼とやってみてるんです。「怒りんぼモード」の彼と「冷静モード」の彼が対話するようすをふたりでロールプレイしたりしています。ちょっとずつですが、効果があるような気がします。

ソウマ　もっと自助グループに参加して吐きだしていくっていうのは、やってみようと思いました。今回が初参加なので、今後はどんどん自助グループを活用していきたいです。じぶんの言動を実況解説したり、じぶんを友だち扱いしたりするのも良さそうですね。それから、ほかの人にとってじぶんはそんなに大きい存在ではないという観点も「たしかに、そうだよな」と思いました。

リョウ　自助グループに来ると、日常生活ではなかなか出会えない、じぶんにそっくりな人々と交流できます。得がたい経験になると思います。当事者研究では、ミーティングも重要ですが、ふだんの実験、つまり試行錯誤のプロセスも同じくらい重要です。ですから、なにかソウマさんに宿題を設定してもらいたいのですが、いかがでしょうか。

ソウマ　新しい趣味を見つけて、ちゃんとガス抜きできるようになる、というのを次回までの宿題にしたいと思います。みなさん、ありがとうございました。いつも支えてくれるユカにも感謝しています。

3-3

自助グループでのオープンダイアローグ

恋愛についてのオープンダイアローグ

リョウ　今回はオープンダイアローグ的対話実践をやっていきます。相談者はヒナコさん。ファシリテーターはアヤカさんに務めてもらいましょう。リフレクティングチームのリーダーは私が務め、メンバーにはマリコさんとミドリさんに入っていただきます。

アヤカ　それでは、さっそく始めていきましょう。ヒナコさん、お願いいたします。

ヒナコ　私は二〇代の看護師です。実父ひとりと継父ふたりの三人ともから虐待を受けました。殴られたり蹴られたりの暴力、暴言もよくありました。高校生のとき、母は三人目の父を捨てて失踪し、私は母方の叔父の家に引きとられて、大学を卒業するまで生活させてもらえました。育児放棄されたことが心の深い傷で、母のようになりたくないと思うのですが、私は顔立ちも振るまいもしゃべり方も母にそっくりなんです。

母がいなくなるまで、父たちや母と離れたら、すべて良くなるだろうって思っていたのですが、親の影響がじぶんのなかにしっかり残ってる感じがして、つらく感じます。現状では親の問題で困っていないのですが、他人との関わり方が難しくて、じぶんでもじぶんは「メンヘラ」(メンタルヘルスに問題のある人)だと思ってしまいます。

友人関係でも恋愛でも一〇代までは引っ込み思案で、大学時代はじぶんを変えたくて正反対の人間になろうとしていました。明るく社交的な演技で無理をして。でも、深い関係になると相手に依存してしまって、すぐに「メンヘラモード」になります。それで、つきあった人たちから「イメージと違ってた」なんて言われます。

なんだか、親密な人と適度な距離でいられません。親にもらえなかった愛情を求めてしまってるんだと思います。いまの彼氏は同い年ですが、まだ大学院生をやっていて社会に出ていないんです。同棲していて、経済的にはなにかと私が支えています。その代わり、精神的には私がどっぷりと依存しているという実情があります。彼はADHDの傾向がある人で、ちょっとアルコール依存症気味で、たまに嘘つきだと感じます。

彼とはよく結婚の話をするのですが、彼の専門分野では彼が希望している研究職への就職はとても難しいらしいです。ですから、いつになったら結婚できるのかわかりません。研究職を諦めて、働いてくれたらうれしいのですが、本人にそれを求めるのは躊躇してしまいます。

アヤカ　ありがとうございました。苦しい心境を共有してくれたことに、心から敬意を表したいです。それではヒナコさん、リフレクティング（相談者の前での意見交換）をするので、少し離れたところから私たちを観察していてください。リフレクティングリーダーのリョウさん、お願いします。

リョウ　そうですね。ヒナコさんは、ご自身の恋人が「安全基地」として機能していると考えているのかどうか、ということを良かったら教えてほしいと思いました。安全基地は必ずしもパートナーでなくても、職場などじぶんの能力を発揮できる場所でも良いと思う、ということも付けくわえておきます。

ダイキ　ぼくは、恋人のことを「たまに嘘つきだと感じる」と言っていたのが気になりました。ヒナコさんがどこからそう感じるのかわかりませんでしたので、もっと聞いてみたいです。

マリコ　私にも恋愛依存の傾向があると思っています。そして、それは依存しあえる相手を見つけてしまっているからだと自己分析しています。そういう関係にならなそうな相手を選んだら良いとも思うのですが、依存しあえそうな相手にしかピンと来ないんです。

依存先は分散させるのが良いって、よく言いますよね。いろんなコミュニティに属するとか、人間関係がめんどうなら、ひとりでできる趣味を開拓していくとか。私もそれを考えて、なるべくいろんな活動に打ちこむようにしています。

私の場合だと、依存しないでも元気なときのじぶんのパターンを研究するとか。ほどよい距離感で付きあっていられる快適さを考える、とかにも取りくんでいます。

ミドリ　ヒナコさんは、ご自身が母親に似てるって言ってたけど、親子だから似てるのは当然なところもあるかな、と思いました。だとすると、あまり気にしすぎなくても良いかもしれません。親子でもぜんぜん違うところはたくさんあると思うので、私自身は親との関係で、むしろそういう似ていない部分に注目することにしています。

ヒナコさんは、もしかすると理想主義的で、とてもまじめなかたで、ちょっとじぶんに厳しい雰囲気があると感じました。でも誰だって、叩けばホコリは出てくると思うんです。ですから、もっとご自身に寛大に接しても良いのかもしれません。

リョウ　私は学生時代、当時のパートナーと依存しあっていましたが、がんじがらめになって、別れてしまいました。以来、猛烈に惹かれる相手は危険だな、と判断するようになりました。いまでは、愛情を穏やかに確認しあえる関係が望ましいと考えています。恋愛対象としてでなく、人柄に惹かれるような相手。もちろんすぐに頭を切りかえられるわけではないのですが、じぶんはもう「宗旨替え」をしたんだよ、ってじぶんに言いきかせています。

ダイキ　虐待経験者は、後天的に発達障害っぽくなるんだという「発達性トラウマ障害」という考え方を教えてもらったことがあります。ぼくたちアダルトチルドレンは、それですよね。ですから、恋人にＡＤＨＤ傾向があるというのは、ちょっと似た者同士みたいな感じなのかもしれないですね。それで強く惹かれあったという。もちろんこれは、ぼくが勝手にそのように推測したというだけにすぎませんけれども。

アヤカ　以上で一回目のリフレクティングを終わります。ヒナコさん、応答してくれますか。質問などに関しては、すべてに応える必要はありません。負担のない範囲で応答してくださいましたら、大丈夫です。

ヒナコ　ありがとうございます。彼がたまに嘘つきだって言ったのは、些細なことで誤魔化したりするんですよね。ほんとうにちょっとした記憶違いとか、ケアレスミスみたいなことを。それでイライラするときがあります。

安全基地を職場などに見つけるというのは、たしかに良い手かもしれません。依存先の分散という発想も納得できます。恋愛相手として穏やかで信頼できる人が良いというのは、頭ではわかっているんですけど、まだ恋愛したい欲が強くて、なかなか割りきれません。

アダルトチルドレンと発達障害者が似ているというのは考えたことがありませんでした。彼の良いところは正直で素朴なところ。私も演技しなくて良くなったので、それはとても楽で、ベストパートナーだと思ってたんです。でも、私はちょっとカサンドラ症候群みたいになってる可能性もあります。自閉スペクトラム症の人のパートナーが陥りがちな、情緒的交流の欠如に苦しむというやつですけど、私の彼にはちょっと自閉症っぽさもあるから、そんなことを思ったりもします。

つきあった相手に依存してつらいのは、相手の愛情を疑ったりして、時間と労力をムダに使うときが多いことです。そうやってじぶんのほんとうの問題から逃げてきたっていう思いがあります。それで自助グループに参加して、じぶんを見つめなおそうって思ったんです。でも恋愛依存から抜けたら、離脱症状のようになっていて苦しいかもしれません。恋愛から離れたら、仕事に依存しそうな気がします。

アヤカ　それではリフレクティングの二回めをやりましょう。リョウさん、お願いします。

リョウ　みなさん、発言したい人からお願いします。

ミドリ　カサンドラ症候群について、聞いたことがあります。それは当事者両方の関係性に生じる問題なので、自閉スペクトラム症と診断を受けた人を加害者、そのパートナーを被害者として扱うのは、メンタルヘルスの問題への理解不足なんだそうです。ヒナコさんは「被害者」とは思っていないと思うのですが、あくまで考え方のヒントとして発言しました。一応追加すると、私の彼氏は自閉スペクトラム症と双極症の当事者です。

マリコ　私はバランス良くいろんなものに頼る練習をしてきました。何かにのめりこんでも、それが揺らぐと空虚になることに気づいたんです。多面的な人になって、多様なものに支えられている状態を維持する。そのために、じぶんのサポート資源を書きだすのが有効でした。じぶんを支えてくれる人、物、事などをなんでも一覧にしていく。そうやっていると、足りないものもわかってきて、私の場合だと学生時代にやっていた登山をまたやりたいって思ったんです。それで仲間を募集して決行したら、とてもすてきな体験になりました。

リョウ　私も話しますね。私はインナーチャイルドの育てなおしを熱心にやってきました。じぶんのなかに傷ついた小さい頃のじぶんがいるなって想像して、その子が喜ぶにはなにをしたら良いかなとか、その子が嫌なことはなるべくやらないでおこうって考えながら行動するのです。そうやっていると、とても安らげることに気づけて、良かったです。

ダイキ　幸福に関わる脳内物質っていうのを教えてもらったことがあります。とくに重要なのはセロトニンと、オキシトシンと、ドーパミンなんだそうです。セロトニンが朝日を浴びたときの気持ちよさ、オキシトシンが恋人とかといるときの心地よさ、ドーパミンが興奮状態の快楽に関係しているそうです。恋人といるとオキシトシンが出て、一緒に楽しんでいたら、ドーパミンがどんどん出るかもしれない。でも、いちばん大事なのはセロトニンだそうなので、ぼくはまずは朝に散歩したり、仕事の合間に軽く体操したりしています。もしヒナコさんもセロトニン不足だったら、そこをなんとかしてみると、共依存の傾向が弱まるかもな、なんて思いました。

アヤカ　ヒナコさん、それではまた応答してくれますか。

ヒナコ　ありがとうございます。そうですね。カサンドラ症候群って言ったけど、もしかしたら私と彼との考えの違うところをそういうふうに思ってしまっていた可能性はありますね。私たちは似た者同士だと思っているから、かえって似ていないところが気になってしまうというか。

　サポート資源を書きだすというのはぜひやってみたいです。こういうのって、実際に書いてみると、意外とバランスが悪かったり、逆に予想よりバランスが良かったりって、可視化されますもんね。

それから、健康をいちばんの基礎にして幸福を考えるというのもたいせつだと思いました。スポーツとかのレクリエーション活動の時間をこれまでよりも多く作ってみたいです。

アヤカ　今回はそれでは、こんなところでしょうか。このあと感想の共有もしていきますが、ひとまずセッションは閉じることにします。

ヒナコ　はい。きょうはみなさん、ありがとうございました！

親との関係についてのオープンダイアローグ

リョウ　本日二回目のオープンダイアローグ的対話実践をやっていきます。相談者はユヅキさん。ファシリテーターはダイキさんに務めてもらいましょう。リフレクティングチームには、ユヅキさんのお姉さんのフウカさんも参加します。

ダイキ　それでは、始めていきたいと思います。ユヅキさん、どうぞ。

ユヅキ　はい。私は四〇代のシングルマザーです。去年離婚して、娘がひとりいます。

子どもの頃、母親からは人格を否定され、宿題を見てもらっていたものの、毎日侮辱されるといった教育虐待を受けました。ネグレクトとは逆で、非常な過干渉でした。母親自身も両親から暴言を受けつづけた人で、アダルトチルドレンだったようです。いまでも親やもとの家族が好きになれません。じぶんがへんなのかな？　って思ってしまいます。家族と仲が良いじぶんになりたいんです。若い頃は家族で食事会なんかをやってみたんですけど、母は「家族だから」って言いながら、あいかわらず踏みこんだことをズケズケ言ってきて、とても不快でした。私のライフスタイルに干渉してくるんです。

高校生のときから摂食障害になって、いまだに過食嘔吐をやっています。体つきはガリガリです。つい最近、父が倒れてしまって、母からひっきりなしにヘルプコールが来たんですが、着信拒否をしてしまいました。父が嫌いなわけではありませんが、もう母に関わるのは耐えられないって思ったんです。SNSとかメールでも母からずっと連絡が来るので、きのうは警察の生活安全課に相談に行きました。住民票の閲覧制限をかけようって考えてます。そのくらい親との関係が苦しいんです。

でも父も母も老いていて、父は倒れたあとは寝たきりになってるみたいです。親の老いがわかっているので、じぶんに罪悪感を感じます。どういうふうに距離を置くか、悩んでしまいます。それから姉がふたりいるんですが、そちらにばかり親の面倒の皺寄せが行ってしまうことに後ろめたさがあります。

ダイキ　それでは、リフレクティングをしましょう。良かったら、まずはフウカさんからどうでしょうか。

フウカ　はい、ありがとうございます。私は相談者の姉で、次女です。ユヅキが三女です。親の面倒をいちばん見てるのは長女なので、姉は三女のこの子に対して不満があるようですが、私はこの子が三姉妹のうちで、なぜか親からひどいことをされがちなことに疑問があったので、同情している立場です。

いまは家族みんながバラバラで、互いに怒りをたぎらせているので、しばらく冷却期間が必要じゃないかなって思っています。そのあとで、やはり親に伝えるべきと思ったら、「ずっと傷ついてきたので、いまは距離を置きたい」と淡々と伝えても良いのかなって思います。

妹は自己肯定感が弱いので、もっとじぶんでじぶんを褒めてくれたらなって思ってます。

妹はひとりで子育てをしてますし、いろいろムリをしてきたと思うので、じぶんをいたわってほしいんですね。

ミドリ　私は長女なので、上の子どものほうが、下の子どもよりしんどいことが多いと思ってきました。親に子育ての経験がなかったわけですから、最初の子どもに期待をかけすぎたり、あるいは締めつけがきつすぎたりすることって、よくあると思うんです。ですから、下の子がいちばんしんどいというパターンの家の話を聞くと、意外で驚いてしまいます。

私は親との関係回復は諦めていて、せめて姉や弟たちと対話し、ケアしあっていこうって思っています。親とは、猫の親子のような関係でいたいですね。成熟したら、互いのテリトリーに入らないようにしながら、互いに独立的に生きていく。私は冠婚葬祭などにも参加していません。

リョウ　アダルトチルドレンは、「逆境的小児期体験」を経た人々ですよね。逆境的小児期体験があると、「毒性ストレス」によって体のなかのホルモンバランスが崩れるのだそうです。それから、私たちは愛着障害の人たちでもあると思うのですが、愛着の問題はやはり脳や遺伝子に影響を与えるそうです。肉体レベルでダメージを受けているのだから、親から距離を置くのは正常な選択だと思います。

アヤカ　摂食障害ってアディクション（嗜癖）として語られることがありますよね。だとすると、親から受けた心の傷を癒すために、嗜癖に没頭している、つまり自己治療をしているということですよね。私は甘いものに対する依存がすごいんですけど、依存対象を実害のより少ないものに向けていくっていうハームリダクションの発想が役に立ちました。親戚には糖尿病と診断された人が何人もいるので、そういう家系なんだなって思って、なるべくゼロカロリーの甘い食べ物や飲み物を取るようにしたりしています。

マリコ　私は親の老後は気にしていません。心を広く持とうと決めたんです。「もっと心を広く持て！　狭く考えてはならない！　もっとおとなになるんだ！」ってじぶんを叱咤激励しています。ですから私は親の老後は考えなくてもＯＫと思うことにしました。福祉行政がなんとかしてくれるはずです。

ダイキ　だいたいこんな感じでしょうか。それではユヅキさん、応答していただきたいです。

ユヅキ　「毒性ストレス」とか、親との関係で肉体レベルの変化があるとは思っていませんでした。ハームリダクションは、理屈はわかりましたけれど、実際にどうやったらうまくいくかは、わからない。できるだけカロリーの低いものを食べて、吐かないようにしていけるといいけど。

「もっと心を広く持て！　親の老後は考えなくてＯＫ」というお話には、笑ってしまいました。心を広く持つのは重要ですよね。でもこのまま親と死に別れたら、そのあとずっと後悔するんじゃないかって不安なんです。エゴイスティックな悩みかもしれませんけれど。

それから自助グループについて調べていて、知って良かったのは、「平安の祈り」です。「変えられない物事を受けいれる落ちつき、変えられる物事を変える勇気、その違いを見わける知恵を授けてほしい」って祈るんです。コントロールできないものをコントロールしようとしないって、重要だと思います。私には摂食障害がありますけど、幸いにリストカットをしたり、自殺を試みたりという経験はありません。だったら、むしろいまの状況は安全でいられるのかもしれないと思うことがあります。そのうち時が来たら、自然に解消される問題なのかもしれないなと想像しています。

ダイキ　それでは二回めのリフレクティングですが、その前に確認を。ユヅキさんは親と絶縁状態に入ろうとしているところなんですよね。でも親の死に目が気になるところもあると。じぶんがあとから後悔したら、すごいダメージになりそうだから。

ユヅキ　はい、そうです。

ダイキ　わかりました。それではまたしばらく離れた場所から私たちを観察していてください。

アヤカ　私の友人に、同じく親のことで苦しんだ人がいます。すでに親を亡くしたそうですが、後悔していないそうです。親が高齢化していったあとでも、親に会うたびに後悔していたと。親に否定されてきた経験が彼女の心のうちで内面化されているから、親が死んでも親の存在感は心のなかにずっと残ったままになる。死んだときは、安心して喜びしかなかったとのことです。死に目には間に合わなかったけど、なんの感動もなく、ただ漠然とした解放感が生まれたそうです。いままでは親の死が区切りになってよかったって言っていました。

マリコ　親に愛情を感じた時期もありましたが、すべては過去のこと!!　流れゆく時のなかでは、なんの意味もないと思っています。たいせつなのは「いま」だと思っています。そのためには、親からかけられた呪いの言葉を解毒していくのが必須です。解毒してくれるのが自助グループだと思ってます。

アヤカ　さっきのマリコさんの話を聞いて、親が亡くなっても、親との関係が内面化されているからかんたんに終わることはないというのに驚きました。私も親が死んだら何か変わるんじゃないかって期待していましたから。

リョウ　そうですよね。だからある意味では親はずっと私たちの心のなかにいるのだと思います。それならば私たちは、現実の親とも心のなかの親ともじょうずに距離を置きながら、心の傷を癒していくことに専念するべきだと思います。「心的外傷後ストレス障害」（PTSD）のあとの、「心的外傷後成長」に期待しながら。

フウカ　妹はいい子すぎるんですよね。ひとりきりで子育てをしていて、かなり苦しいと思うんだけど、弱音を吐くことがほとんどない。だいぶ無理をしているんじゃないかと心配しています。でもきょうはこの子の思いがこれまで以上によくわかりましたから、私も無理しない程度に、私たちの家族関係を調整してみたいと思います。

ダイキ　こんなところでしょうか。ユヅキさん、応答してくださいますか。

ユヅキ　ありがとうございます。親が死んでも状況は変わらないって、やっぱりそうなんですね。「インナーペアレンツ」の話を聞いたことがあります。心のなかの親と決着をつけなきゃいけないっていう。心の解毒もほんとうにそうですね。物質的な解毒剤があるのだから、私たちの心の解毒剤もあるはずだと信じたいです。

　きょうはみなさんに相談できたおかげで、一時的にかもしれませんが、とても安心した気持ちになりました。姉に付きそってもらってきたおかげで、勇気が出たということもあります。ですから、姉にも感謝したいです。姉がいるおかげで、家族との関係がなんとか保たれています。生活は苦しいのですが、人間関係には恵まれているところがあるなと思いました。ありがとうございました。

きょうのミーティングもぶじに終わった。最初にグラウンドルールをしっかり説明することができた。当事者研究やオープンダイアローグ的対話実践を実施する際には、初めての人も不安にならないように要所要所でガイドになるような指示を出すことができた。参加者の自己責任に帰すような発言は控え、あくまでも彼ら・彼女らの環境にアプローチすることを心がけた。ダイキくんとアヤカさんが毎回一緒に参加してくれていることはありがたい。ふたりは当事者同士であると同時に、互いの環境同士でもあるからだ。アドバイスは求められたときだけに留め、やむをえずそれらしいことを言うときにも、押しつけがましくならないようにできていると信じたい。

これまでにダイキくんにもアヤカさんにも、当事者研究とオープンダイアローグを二、三回ずつ体験してもらったけれど、アヤカさんはリフレクティングで初めてカルト宗教の体験を話題にしていた。なにも知らなかったダイキくんをびっくりさせないために、この場でそのことについて話すと数日前に彼に伝えていたそうだけど、あとの雑談の時間でもダイキくんの想像を超えた話がたくさん出てきて、やはり驚きは隠せないようだった。

自助グループの良いところとして、家族、親友、パートナーなどにも話せないことを話せるということがある。大事な関係の相手だからこそ、深刻な話をしづらいと感じることがある。自助グループにはじぶんと似た悩みを抱えた仲間が集まっているし、この場限りの関係の人が集まってくるから、それでかえって胸に秘めた話を打ちあけやすくなる。

プロのカウンセラーにも話せなかったけど、自助グループでは話せたと喜んでくれる参加者は多い。カウンセラーはプロとはいえ、「当事者」ではないから、相談する人の話をどこまで理解したり共感を示せたりできるかは、ケースバイケースというところがある。せっかくの機会だからと相談しても、期待はずれに終わることは稀ではない。それなりの料金を払うから、余計に落胆の度合いは深い。その点、自助グループは、似たような悩み事を持つ人が集まっているから、話は驚くほど通じやすく、また不満を感じることがあっても、原則として無料だから——会場を借りるのにかかる費用を捻出するために、わずかな参加費は徴収しているけど——、失望の思いに打ちのめされるということが少ない。

もちろん、自助グループが万能だと主張するつもりはない。プロの支援者として働いている人が参加することはあっても、彼らは当事者として参加するか、見学目的で参加するかだから、本質的にアマチュアリズムの空間となる。グラウンドルールをしっかり定めていても、悪質な参加者に悩まされる場面が絶対にないとは言えない。とくに女性が主宰する場合は、女性の当事者数人で集団指導体制を取る、信頼できる男性当事者と協力する、などの工夫がいるかもしれない。

また、主宰者やほかの参加者の顔ぶれによっては、話す内容をためらうということは大いにあるだろう。たとえば私はノンバイナリーを自認していても、体は男性だから、女性の参加者が話題にしづらい事柄はいろいろとあるだろう。月経、女性特有の病気、性被害に関する話題など。私の場合は、じぶんが性被害の当事者だから、そのことについて自助グループで話す機会が多くあり、それに応じるように女性の参加者たちがじぶんの被害について話しだしてくれることは珍しくないけれども。

いずれにしても、これからも私は自助グループを運営していく。どこが回復のゴールなのかはわからない。しかし確実に言えるのは、自助グループを続けていると、私の心はとても安定しているという事実だ。心の健康を維持するためにも、自助グループ活動を末長く続けていきたい。

COLUMN

『血の轍』　押見修造作

ヤマト　今回の作品は押見修造の『血の轍』。二〇一七年から二〇二三年まで連載された作品。

ユヅキ　単行本は全一七巻なのね。「読む映画」という感じで、一冊読むのに一〇分もかからない感じだった。完結する前にも、雑誌連載とか単行本とかで断片的に読んでたけど、いつも映画の一部を見せられてるみたいな気分になってた。

ヤマト　うん。一二〇分から一八〇分くらいの映画にするのはかんたんなのかもしれないけど、こういう映像的作品だからこそ、紙面で読む快感が生まれてくるのかもしれないね。

ユヅキ　どこまで真実なのかわからないけど、作者の半自伝的作品として仕立てられてるよね。

ヤマト　主人公の中学生・静一は、作者の押見さんと同じ生年月日を設定されていて、一九八一年生まれ。終盤には主人公は中年になっている。つまり時代が作品の連載されている令和初期になっている。最後には老年になっているから、近未来の話として終わる。

ユヅキ　全体として、ビルドゥングスロマーン（教養小説）のような要素もあるよね。主人公は人生に失敗し、自己形成できないことに苦しみつづけるんだけど。

ヤマト　そういう意味では「アンチ・ビルドゥングスロマーン」でもあるってことか。前衛的な仕掛け。

ユヅキ　それにしても母娘関係や父息子関係に焦点を当てた毒親ものって、思いあたる作品がいろいろあるけど、この作品みたいに母息子ものって、なかなか少ない気がする。毒母に苦しんだ男性当事者には、念願の作品と言えるんじゃない？

ヤマト　そうなんです。母親の怪物的な人柄が、ほんとに絶妙なんですよ。

ユヅキ　プロットを言うと、主人公の母親が遠足のときに親戚の子を崖からわざと突きおとして、殺人未遂に及んでしまう。動機は不明瞭。そのあと母親との葛藤に苦しむ主人公が、同じ相手を同じような仕方で突きおとして、今度はほんとに殺してしまう。

ヤマト　悪夢のような展開で、悪酔いしそうになった。この作品も「信頼できない語り手」の視点構造を持っていて、どこまでが虚実か判然としない。

ユヅキ　主人公の母親、めちゃくちゃ美人に描かれてて、サイコホラーという作風もあって楪図かずおのマンガっぽい味わいもあるんだけどね。一一巻になって、母親の姿も主人公の姿も主人公の願望混じりのフィルターのせいなんじゃないかっていう可能性が示されるじゃない。あのへんは息を呑む展開で、心を奪われちゃった。

ヤマト　主人公が中年になって再会した母親も、若い美人に描かれたり、幼女に描かれたり、そのまま老女に描かれたりって、形状が不安定なんですよね。母が狂っているのか、息子が狂っているのか。

ユヅキ　おそらくどちらも危険域の人なんだろうけど。

ヤマト　でもなんだかんだ言って、主人公の心情的論理はじっくり語られているから、それがよくわからない母親のほうが、ずっと不気味ですよね。

ユヅキ　それでも終盤には母親の生育背景も出てくる。前半で母親が、「私はいらない子だから」、「愛してもらえなかったから」、「静ちゃんには私がもらえなかったぶんも、たくさん愛してあげたかったんです」、「それをあの人達は過保護ってバカにして」って泣きながらまくしたてる場面があったけど、その伏線が解消されてて良かった。

ヤマト　母親は子どもの頃、ネグレクトに近い親子関係で苦しんで、他者との関係をうまく築くことができないまま成長した人。当然のように、結婚後の家族関係も親戚関係もうまくこなせない。

ユヅキ　で、すっかり困った人格の女性になってしまった。

ヤマト　母親の狂気の言動を追うだけでも、興奮できる作品なのは確かだと思います。

ユヅキ　オンライン・レビューを見てると、母親のかずかずの非道な言動に心をやられて、読むのを途中で諦めた人がたくさんいるみたいだけど。

ヤマト　ぜひこのアダルトチルドレンの聖典を一気読みしてほしいですね。人生が疾風のように過ぎさり、茫然自失するという体験を得られますから。

ユヅキ　母親があんなに美人でなかったら、そして主人公もあんなに「良い子」ふうでなかったら、読むのはだいぶキツかっただろうね。

ヤマト　その点は作者の作画上の戦略が奏功したってことだね。

ユヅキ　脇を固める人たちも魅力的なんだよね。父親、親戚のおばさん、主人公と恋仲になる「吹石さん」。それぞれキャラが立ってる。

ヤマト　吹石さんとのデートはせつなさがあふれていて、心を射抜かれてしまいました。吹石さんがほかの男子クラスメイトと良い関係になるところは、思わず泣いちゃった（笑）。

ユヅキ　しかもそいつは主人公をいじめていたゲス野郎だっていうね。そのあと、吹石さんはまた主人公とヨリをもどしていくけど。

ヤマト　歳をとったあとに吹石さんが出てくるのが、またせつなくてね。孤独に生きている主人公と対照的に、当然のように家族持ちで。

ユヅキ　うん。主人公とその母親に焦点を絞りきっているのに、まわりの人の動きが良いスパイスになっている。

ヤマト　で、どうですか。この作品を一気に読んで、アダルトチルドレンとしてのトラウマはほぐされましたか。

ユヅキ　うん。そういうところはあった。とくに私たち姉妹は貧困のなかで娘時代を過ごしたってことがあるから。主人公に対する感情移入の度合いが半端なかったような気がする。

ヤマト　なるほど。それで心が浄化されるような気がしたと。

ユヅキ　うん。主人公から見た世界の歪み方とか、曖昧で怪奇な心象風景とか、じぶんのものとイコールではないけど、「なんだかよくわかる感」があるんだね。そうやって作者にも親愛の念が生まれてくる。それに癒されるということもある。

ヤマト　とにかく読みごたえあふれる作品なので、広く読まれてほしいですね。

『人間失格』 太宰治著

ヤマト 今回は太宰治の『人間失格』です。一九四八年に連載されました。

ユヅキ 近代日本文学の古典だよね。新潮文庫版だけで七〇〇万部以上を突破しているとか。

ヤマト 七〇〇万部も！

ユヅキ 衝撃的な数字だよね。夏目漱石の『こころ』には負けてるみたいだけど。

ヤマト 内容については、三冊の手記が本体で、「自分」こと大庭葉蔵が残したものです。その前後を「私」を名乗る別人の「はしがき」と「あとがき」がくくっている枠構造の作品。

ユヅキ 「はしがき」には三枚の写真が語られているね。薄気味悪い笑顔の子ども、おそろしく美貌の学生、年齢がわからない特徴のない男。葉蔵の人生の各ステージを写したもの。

ヤマト 美貌の学生をジャケット画にしたヴァージョンが二〇〇七年、集英社文庫から出されました。描いたのは、当時大人気だったマンガ『DEATH NOTE』の作画担当者、小畑健です。

ユヅキ　一年で二〇万部以上も売れたとかっていうね。とにかくなんだかんだで売れる作品なんだね。

ヤマト　「人間失格」っていうタイトルがそもそもインパクト強すぎですよね。

ユヅキ　基本的には太宰の半自伝的作品。冒頭の一文は、「恥の多い生涯を送って来ました」。有名なやつです。父を恐怖して、周囲の視線を恐れて道化ぶる葉蔵は、そのまんまアダルトチルドレンの「道化型」だね。

ヤマト　太宰の『晩年』（一九三六年）に収録された短編に「道化の華」というのがあって、やはり主人公は「大庭葉蔵」とされていました。

ユヅキ　太宰の心中未遂事件に取材した作品だよね。「道化ぶりっこ」というのが、太宰にとって大きな主題だったとわかる。

ヤマト　とにかく父の存在感が大きかったようです。こんな一節があります。「父が死んだ事を知ってから、自分はいよいよ腑抜けたようになりました。父が、もういない、自分の胸中から一刻も離れなかったあの懐しくおそろしい存在が、もういない、自分の苦悩の壺がからっぽになったような気がしました。自分の苦悩の壺がやけに重かったのも、あの父のせいだったのではなかろうかとさえ思われました。まるで、張合いが抜けました。苦悩する能力をさえ失いました」。

ユヅキ　父親が偉大だった時代だね。

ヤマト　前近代的な世界では、強大な父はありふれたものだったんでしょうけど、現在のアダルトチルドレン事情とずいぶん異なっている気がしてしまうね。

ユヅキ　現代だと「毒父」よりは「毒母」がテーマになりやすいもんね。

ヤマト　葉蔵は、じぶんの道化ごっこを「ワザ。ワザ」、つまりわざとやってるってわかるぞ、と見抜いてくる旧友に驚き、警戒します。

ユヅキ　こういう気持ち、わかるなあ。じぶんに似たタイプと思えないのに、どこかで波長があったのか、似た過去の経験があるのかで、見抜いてくるやつは怖い。似てないように見えるだけに、怪物っぽく感じる。

ヤマト　その怪物めいた級友が、グロテスクに見えないこともない前衛的な西洋絵画の肖像画を、「お化けの絵」として紹介してきます。

ユヅキ　それを受けて葉蔵が、じぶんなりのお化けの絵を描いてしまう。いかにも地獄めぐりをしているかのようで、悪夢みたい。

ヤマト　主人公の受動性が悲しいですね。「女中や下男から、哀しい事を教えられ、犯されていました」。女性から「惚れられる」、「好かれる」、「かまわれる」ってありますけど、この「モテまくり現象」は、実際には太宰にとって侵襲的なものだったのかもしれないなと思います。

ユヅキ　「肉親たちに何か言われて、口応えした事はいちども有りませんでした」という一節もあるね。食欲という欲望がないとも。そんなアダルトチルドレンだから、画学生から教えこまれて、酒、タバコ、買春、質屋、左翼思想に耽るようになる。つまり依存症的な状態に陥る。

ヤマト　「淫売婦」が人間でも女性でもなく「白痴か狂人のよう」に見えるという説明は、葉蔵あるいは太宰の女性蔑視が透けて見えるんですけど、女性が太宰にとって侵襲的なものだったとしたら、同情できる面があるかもしれない。

ユヅキ　太宰の繊細さに改めて驚いちゃうね。小さな頃から、まわりの顔色を窺って、その人たちが求める人間でいるように道化を演じて、他者と深い関係を築けなくなった。それで恋愛で結ばれる女性たちに圧倒されながらも、なんとか利用しようとして、心中の相手に選んでしまう。

ヤマト　自殺未遂に薬物中毒。ひどく病んだアダルトチルドレンの典型的なコースと言えそう。

ユヅキ　最後にはどんどん歪んで、精神疾患者のように扱われて、「人間、失格」となる。二七歳なのに白髪が多いせいで四〇以上に見られるという結末は侘しい。

ヤマト　その結末をねじりたおすようにして、「私たちの知っている葉ちゃんは、とても素直で、よく気がきいて、あれでお酒さえ飲まなければ、いいえ、飲んでも、……神様みたいないい子でした」というセリフが出てきますね。二重に哀しい。

ユヅキ　（それは世間が、ゆるさない）（世間じゃない。あなたが、ゆるさないのでしょう？）（そんな事をすると、世間からひどいめに逢うぞ）（世間じゃない。あなたでしょう？）（いまに世間から葬られる）（世間じゃない。葬るのは、あなたでしょう？）というくだりには痺れた。世間とは、それを持ちだす個人のことだって。

ヤマト　葉蔵のやっていることって、他人事と思えばどうしようもないし、見下してしまいたくなるのに、なんだか僕たちの腑に落ちる箇所があちこちに点在しています。これが大ベストセラーたる由縁なんでしょうね。

参考文献

アーロン、エレイン・N『ささいなことにもすぐに「動揺」してしまうあなたへ。』、冨田香里（訳）、講談社、2000年
飛鳥井望「複雑性PTSDの概念・診断・治療」、原田誠一（編）『複雑性PTSDの臨床――〝心的外傷～トラウマ〟の診断力と対応力を高めよう』、金剛出版、2021年、15～24ページ
アダルトチルドレン・オブ・アルコホーリックス・ジャパン『ACAフェローシップテキスト（ビッグレッドブック）』、アダルトチルドレン・オブ・アルコホーリックス・ジャパン、2022年
安藤究「アダルト・チルドレン言説の「意図せざる結果」」、小谷敏（編）『子ども論を読む』、世界思想社、2003年、175～199ページ
アントノフスキー、アーロン『健康の謎を解く――ストレス対処と健康保持のメカニズム』、山崎喜比古／吉井清子（監訳）、有信堂高文社、2001年
飯村周平『HSPブームの功罪を問う』、岩波書店、2023年
伊藤絵美（編著）『スキーマ療法入門――理論と事例で学ぶスキーマ療法の基礎と応用』、津高京子／大泉久子／森本雅理（著）、星和書店、2013年
伊藤絵美「複雑性PTSDの病態理解と治療――認知行動療法～スキーマ療法の立場から」、原田誠一（編）『複雑性PTSDの臨床――〝心的外傷～トラウマ〟の診断力と対応力を高めよう』、金剛出版、2021年、47～56ページ
ウィットフィールド、C・L・『内なる子どもを癒す――アダルトチルドレンの発見と回復』、鈴木美保子（訳）、誠信書房、1997年

ヴォネガット・ジュニア、カート『スローターハウス5』、伊藤典夫（訳）、早川書房、1978年
大嶋栄子『生き延びるためのアディクション――嵐の後を生きる「彼女たち」へのソーシャルワーク』、金剛出版、2019年
ガーマー、クリストファー／ネフ、クリスティン『マインドフル・セルフ・コンパッション　プラクティスガイド――セルフ・コンパッションを教えたい専門家のために』、富田拓郎（監訳）、山藤奈穂子（訳）、星和書店、2022年
樺沢紫苑『精神科医が見つけた3つの幸福――最新科学から最高の人生をつくる方法』、飛鳥新社、2021年
亀岡智美（編）『実践トラウマインフォームドケア――さまざまな領域での展開』、日本評論社、2022年
カンツィアン、エドワード・J／アルバニーズ、マーク・J『人はなぜ依存症になるのか――自己治療としてのアディクション』、松本俊彦（訳）、星和書店、2013年
岸見一郎／古賀史健『嫌われる勇気――自己啓発の源流「アドラー」の教え』、ダイヤモンド社、2013年
金吉晴／大滝涼子「幼少期のトラウマによる複雑性PTSDのための認知行動療法　STAIR（感情調整と対人関係調整スキルトレーニング）とNST（ナラティブ・ストーリィ・テリング）治療プロトコルの検討」、『平成26年度厚生労働科学研究費補助金障害者対策総合研究事業「認知行動療法等の精神療法の科学的エビデンスに基づいた標準治療の開発と普及に関する研究（研究代表者：大野裕）（平成26年度総括・分担研究報告書）』、2015年、107～121ページ
クリッツバーグ、W『アダルトチルドレン・シンドローム――自己発見と回復のためのステップ』、

斎藤学（監訳）、白根伊登恵（訳）、金剛出版、１９９８年
郡司ペギオ幸夫／宮台真司「【イベントレポート】トークイベント「ダサカッコワルイ世界へ」文字起こし④」、DAIKANYAMA T-SITE、２０２０年（https://store.tsite.jp/daikanyama/blog/humanities/17529-1821421204.html）
小石川真実「潰されて終わって堪るか——サバイバーの私が複雑性ＰＴＳＤを克服した過程」、『精神医学』65（8）号、２０２３年、１１０８～１１１５ページ
厚生労働省雇用均等・児童家庭局総務課『子ども虐待対応の手引き（平成25年8月改正版）』、２０１３年（https://www.mhlw.go.jp/seisakunitsuite/bunya/kodomo/kodomo_kosodate/dv/dl/120502_11.pdf）
コーク、ベッセル・ヴァン・デア『身体はトラウマを記録する——脳・心・体のつながりと回復のための手法』、柴田裕之（訳）、紀伊國屋書店、２０１６年
小西真理子『共依存の倫理——必要とされることを渇望する人びと』、晃洋書房、２０１７年
佐々木理恵／宮本有紀「ピアサポートワーカーとコ・プロダクション」、笠井清登（責任編集）／熊谷晋一郎／宮本有紀／東畑開人／熊倉陽介（編著）『こころの支援と社会モデル——トラウマインフォームドケア・組織変革・共同創造』、金剛出版、２０２３年、２４１～２５０ページ
末木新『自殺学入門——幸せな生と死とは何か』、金剛出版、２０２０年
杉山登志郎『子ども虐待という第四の発達障害』、学研、２００７年
杉山登志郎『発達性トラウマ障害と複雑性ＰＴＳＤの治療』、誠信書房、２０１９年
セリグマン、マーティン『ポジティブ心理学の挑戦——〝幸福〟から〝持続的幸福〟へ』、宇野カオリ（監訳）、ディスカヴァー・トゥエンティワン、２０１４年

高倉久有／小西真理子「「私の親は毒親です」――アダルトチルドレンの回復論の外側を生きる当事者を肯定する」、小西真理子／河原梓水（編著）『狂気な倫理――「愚か」で「不可解」で「無価値」とされる生の肯定』、晃洋書房、２０２２年、68～90ページ
高松里『セルフヘルプ・グループとサポート・グループ実施ガイド――始め方・続け方・終わり方』改訂増補、金剛出版、２０２１年
高良聖『サイコドラマの技法――基礎・理論・実践』、岩崎学術出版社、２０１３年
武田友紀『「繊細さん」の本――「気がつきすぎて疲れる」が驚くほどなくなる』、飛鳥新社、２０１８年
日本トラウマ・サバイバーズ・ユニオン「アダルトチルドレン６つの役割」、特定非営利活動法人日本トラウマ・サバイバーズ・ユニオン（ＪＵＳＴ）、２０２３年（https://www.just.or.jp/?terminology=000877）　※西暦は閲覧年
丹羽まどか「複雑性ＰＴＳＤの病態理解と治療――認知行動療法～ＳＴＡＩＲ／ＮＳＴの立場から」、原田誠一（編）『複雑性ＰＴＳＤの臨床――〝心的外傷～トラウマ〟の診断力と対応力を高めよう』、金剛出版、２０２１年、57～65ページ
野口裕二『物語としてのケア――ナラティヴ・アプローチの世界へ』、医学書院、２００２年
野坂祐子『トラウマインフォームドケア――〝問題行動〟を捉えなおす援助の視点』、日本評論社、２０１９年
信田さよ子『「アダルト・チルドレン」完全理解――一人ひとり楽にいこう』、三五館、１９９６年
信田さよ子『愛情という名の支配』新装版、海竜社、２０１３年
信田さよ子『家族と国家は共謀する――サバイバルからレジスタンスへ』、ＫＡＤＯＫＡＷＡ、

2021年

ハーマン、ジュディス・L『心的外傷と回復』増補版、中井久夫（訳）、みすず書房、1999年

原田誠一（編）『複雑性PTSDの臨床――〝心的外傷~トラウマ〟の診断力と対応力を高めよう』、金剛出版、2021年

原田誠一「複雑性PTSDの体験世界と接し方の基本を知ろう」、『精神医学』65（8）号、2023年、1108~1115ページ

フォワード、スーザン『毒になる親』完全版、玉置悟（訳）、毎日新聞出版、2021年

フローレス、フィリップ・J『愛着障害としてのアディクション』、小林桜児／板橋登子／西村康平（訳）、日本評論社、2019年

ボウルビィ『母と子のアタッチメント――心の安全基地』、二木武（監訳）、医歯薬出版、1993年

松本俊彦「アディクションと複雑性PTSD」、『精神療法』47（4）号、金剛出版、2021年、475~477ページ

水島広子『「毒親」の正体――精神科医の診察室から』、新潮社、2018年

三谷はるよ『ACE（エース）サバイバー――子ども期の逆境に苦しむ人々』、筑摩書房、2023年

宮地尚子（編）『環状島へようこそ――トラウマのポリフォニー』、日本評論社、2021年

ローゼンバーグ、マーシャル・B『「わかりあえない」を越える――目の前のつながりから、共に未来をつくるコミュニケーション・NVC』、今井麻希子／鈴木重子／安納献（訳）、海士の風、2021年

ロバートソン、ドナルド『認知行動療法の哲学――ストア派と哲学的治療の系譜』、東畑開人／藤井

翔太（監訳）、金剛出版、２０２２年
ＡＳＫ（編）『アディクション――〈治療相談先・自助グループ〉全ガイド』まるごと改訂版、アスク・ヒューマン・ケア、２００２年

Borkman, Thomasina, "Experiential Knowledge: A New Concept for the Analysis of Self-Help Groups," *Social Service Review* 50 (3), 1976, pp. 445-456.

Harvey, Mary R. "An Ecological View of Psychological Trauma and Trauma Recovery," *Journal of Traumatic Stress* 9 (1), 1996, pp. 3-23.

Levy, Leon H. "Self-Help Groups: Types and Psychological Processes," *The Journal of Applied Behavioral Science* 12 (3), 1976, pp. 310–322.

Riessman, Frank, "The 'Helper' Therapy Principle", *Social Work* 10 (2), 1965, pp. 27–32.

WHO, "6B40 Post traumatic stress disorder," ICD-11 for Mortality and Morbidity Statistics (Version : 01/2023), 2023a (: http://id.who.int/icd/entity/2070699808)

WHO, "6B41 Complex post traumatic stress disorder," ICD-11 for Mortality and Morbidity Statistics (Version : 01/2023), 2023b (http://id.who.int/icd/entity/585833559)

おわりに

日本では一九九〇年代後半にアダルトチルドレンがブームになって、現在にまで保持される多くの言説が登場した。当時の筆者は高校生から大学生になる時期だったが、本文にも記したように、多くの人と同様にアダルトチルドレンを「幼稚で未熟なおとな」のことだと誤解し、理解できないままになった。筆者がこの言葉のほんとうの意味を知り、対話型自助グループを主催するようになったのは四〇歳を過ぎてからだ。

二〇二〇年代の現在、アダルトチルドレンについて書くことは、案外に難しいと感じた。多くの重要文献は二〇年かそのくらい前のもので、その理解をいま新たに刷新しなければ、書く意味はないと感じられた。そのために本書は、一般的にはアダルトチルドレン関連の本で論じられない話題を豊富に盛り込んだ。アダルトチルドレンを医学的な言説から眺めてみるという実験に取りくんだし、メソッドも大事にせよ、メタメソッドの場を作ろうと訴える作戦を採用することにした。筆者の企図がうまくいっているかは、読者のみなさんによる判断を待ちたい。

編集者の安藤聡(あきら)さんと本を作るのは、三冊目になる。最後まで支えてくれたことに感謝を示したい。装丁担当のアルビレオさんと、装画を寄せてくれた杉山真依子さんに心から感謝する。

二〇二四年五月

横道誠

＊付記　本書は学術書ではなく、物語の形式を取っているため、引用の際は出典などを明記しつつも、表現などを平易に言いかえていく「自由引用」を多用していることをお断りしておきます。

横道 誠

Yokomichi Makoto

京都府立大学文学部准教授。1979年生まれ。大阪市出身。文学博士（京都大学）。専門は文学・当事者研究。単著に『みんな水の中──「発達障害」自助グループの文学研究者はどんな世界に棲んでいるか』（医学書院）、『唯が行く！ ──当事者研究とオープンダイアローグ奮闘記』（金剛出版）、『イスタンブールで青に溺れる──発達障害者の世界周航記』（文藝春秋）、『発達界隈通信──ぼくたちは障害と脳の多様性を生きてます』（教育評論社）、『ある大学教員の日常と非日常──障害者モード、コロナ禍、ウクライナ侵攻』（晶文社）、『ひとつにならない──発達障害者がセックスについて語ること』（イースト・プレス）、『グリム兄弟とその学問的後継者たち──神話に魂を奪われて』（ミネルヴァ書房）、『村上春樹研究──サンプリング、翻訳、アダプテーション、批評、研究の世界文学』（文学通信）、『解離と嗜癖──孤独な発達障害者の日本紀行』（教育評論社）、『発達障害者は〈擬態〉する──抑圧と生存戦略のカモフラージュ』（明石書店）、『発達障害の子の勉強・学校・心のケア──当事者の私がいま伝えたいこと』（大和書房）、『創作者の体感世界──南方熊楠から米津玄師まで』（光文社新書）など、共著に『当事者対決！ 心と体でケンカする』（世界思想社）、『海球小説──次世代の発達障害論』（ミネルヴァ書房）、編著に『みんなの宗教2世問題』（晶文社）、『信仰から解放されない子どもたち──#宗教2世に信教の自由を』（明石書店）、『ニューロマイノリティ──発達障害の子どもたちを内側から理解する』（北大路書房）などがある。

2024年6月30日　初版

著　者
横道 誠

発行者
株式会社晶文社
東京都千代田区神田神保町1-11 〒101-0051
電話 03-3518-4940（代表）・4942（編集）
URL https://www.shobunsha.co.jp

印刷・製本
中央精版印刷株式会社

ISBN978-4-7949-7427-3 Printed in Japan